HANS WESTMEYER

Kritik
der psychologischen Unvernunft

Probleme der Psychologie als Wissenschaft

VERLAG W. KOHLHAMMER
STUTTGART BERLIN KÖLN MAINZ

Für
B. F. SKINNER
und
W. STEGMÜLLER

Alle Rechte vorbehalten
© 1973 Verlag W. Kohlhammer GmbH
Stuttgart Berlin Köln Mainz
Verlagsort Stuttgart
Umschlag: hace
Gesamtherstellung: W. Kohlhammer GmbH
Grafischer Großbetrieb Stuttgart
Printed in Germany
ISBN 3-17-001134-0

Inhalt

Vorwort 7
Orientierungshilfe für den Leser 9

ZUM ZIEL UND GEGENSTAND DER PSYCHOLOGIE

Einführung 11
Ziele der Psychologie 14
    Der Begriff der Erklärung 15
    Wie-es-möglich-war, daß-Erklärungen 27
    Der Begriff der Prognose 30
    Der Begriff der Kontrolle 31
Gegenstand der Psychologie 32
    Verhaltensbegriffe 35
Zusammenfassung 38

LOGIK EINER ALLGEMEINEN VERHALTENSTHEORIE

Ziele der Analyse der Verhaltenstheorie 40
Respondente Konditionierung 41
Operante Konditionierung 51
Extinktion 64
Diskrimination 67
Ausmaß der Verstärkung 72
Sekundäre Verstärkung 73
Generalisierung 78
Zusammenfassung und erste Folgerungen 80
Die Verhaltenstheorie C. L. Hulls 85
Gegenstand der Psychologie 90
Historisch-genetische Erklärungen 94

Methode der Psychologie 97
Zusammenfassung 100

ZUR SPRACHE DER PSYCHOLOGIE

Wissenschaftssprache und Umgangssprache 101
Umgangssprache als oberste Metasprache 104
Essentialismus 107
Mentalistische Begriffe in der psychologischen Wissenschaftssprache 110
Zusammenfassung 118

ZUM MENSCHENBILD DER PSYCHOLOGIE

Vorbemerkungen 120
Kritik der experimentellen Psychologie 121
Psychologie und Gesellschaft 133
Menschenbilder der Psychologie 136

Literaturverzeichnis 141
Anmerkungen 147
Abkürzungen 151
Einführung in die logische Notation 153
Namenregister 156
Sachregister 158

Vorwort

Psychologie stellt sich heute in vielen Bereichen nicht als ein Feld konkurrierender, ständig expandierender Theorien dar, sondern erweckt eher den Eindruck eines unentwirrbaren Durcheinanders von Vorurteilen, verbindlichen Aussagen und Spekulationen. Dunkle, unklare Sprache auf der einen, unkritisches Theoretisieren und Anhäufung isolierter, nicht integrierbarer Einzelbefunde auf der anderen Seite führen zu Forschungsansätzen und -ergebnissen, die unverbindlich und beliebig bleiben.

Dazu tritt die Schwierigkeit vieler Psychologen, sich vom Gegenstandsvorverständnis zu lösen und neue, unorthodoxe Wege bei der Erforschung des psychologischen Gegenstandes zu beschreiten. Gerade die Vertrautheit mit dem menschlichen Verhalten aus der Alltagserfahrung führt allzu leicht zu einer Fixierung an geläufige Begriffe, Denk- und Betrachtungsweisen, die den Fortschritt der Psychologie eher hemmen als fördern.

Es kann nicht die Aufgabe einer Humanwissenschaft sein, das Menschenbild einer Gesellschaft in ihren Forschungen zu bestätigen. Man kann im Gegenteil den Entwicklungsstand einer Disziplin an dem Ausmaß messen, in dem sie neue, unerwartete Perspektiven auf ihren Gegenstand eröffnet. Wissenschaft wird sich in ihrer Gegenstandsauffassung zunehmend vom Vorverständnis entfernen oder zu einer entsprechenden Korrektur Anlaß geben.

Das kann nur dann als Dehumanisierung gedeutet werden, wenn bereits ein bestimmtes Menschenbild vorausgesetzt und zur Grundlage einer Beurteilung der Relevanz psychologischer Forschung gemacht wird. Eine solche konservative Haltung steht einem Theorienpluralismus im Wege und sollte einer Offenheit in diesen Fragen Platz geben.

Ob sich der Mensch als höheres Tier, komplizierte Maschine, Protoplasma-Robot oder als der Ganz-Andere, als metaphysisches Wesen mit eigenen oder gar keinen Gesetzen, entpuppt, sollte nicht von einer Vorentscheidung abhängen, sondern von den Ergebnissen empirisch-psychologischer Forschung. Außerdem handelt es sich hier in erster Linie um begriffliche Fragen, die nur tödlich ernst nehmen kann, wer noch an einen »magischen« Zusammenhang zwischen bezeichnetem Sachverhalt und bezeichnendem Ausdruck glaubt. Für Personen, die für bestimmte Objekte nur bestimmte Worte reservieren, mag in der Tat eine Welt zusammenbrechen, wenn z. B. SKINNER das Verhalten von Menschen und Ratten in derselben Theorie behandelt.

Ein Jargon der Eigentlichkeit kennzeichnet viele Auseinandersetzungen mit Begriffen, Methoden und Theorien der Psychologie. Diese Tendenz nimmt mit fortschreitender Ideologisierung der Wissenschaften zu. Das gilt trotz der Tatsache, daß die Ergebnisse der modernen Wissenschaftstheorie in zunehmendem Maße von Verhaltens- und Sozialwissenschaftlern rezipiert werden. Offenbar beschränkt sich das aber in den meisten Fällen noch auf verbale Pflichtübungen, ohne daß es zu einer Veränderung der Praxis psychologischer Forschung und Anwendung kommt. Wohl jeder akzeptiert das Kriterium der logischen Widerspruchsfreiheit für wissenschaftliche Theorien, nur wenige sind bereit, daraus die Konsequenzen zu ziehen und z. B. Theorien zu formalisieren. Wir sagen alle die richtigen Worte, handeln nur nicht danach.[1]

Für eine kritische Durchsicht der Arbeit und viele Verbesserungsvorschläge habe ich Herrn B. Brocke, Herrn H. Selg und Herrn H.-E. Zahn zu danken.

Berlin, September 1972   Hans Westmeyer

Orientierungshilfe für den Leser

Die Zahl der Publikationen im Bereich der Verhaltens- und Sozialwissenschaften ist in den letzten Jahren derart gestiegen, daß nicht mehr von jedem Leser erwartet werden kann, daß er ein Buch von Anfang bis Ende liest. Statt dessen wird er bestimmte für seine Interessenrichtung relevante Abschnitte herausgreifen, andere, seinem Arbeitsgebiet ferner liegende, auslassen. Bei diesem Vorgehen sollte ihn der Autor selbst unterstützen, indem er die Orientierung in seinem Buch erleichtert.

Wer sich kritisch mit der Gesamtproblematik auseinandersetzen möchte, sollte auf keinen Abschnitt verzichten und auf jeden Fall auch die Anmerkungen lesen. Ein Teil baut auf dem anderen auf, und die Schlußfolgerungen am Ende der Arbeit gewinnen ihre Stringenz erst auf dem Hintergrund der vorangehenden Betrachtungen.

Wer dagegen einen schnellen Überblick über die wesentlichsten Thesen und Ergebnisse sucht, kann auf die Lektüre des zweiten Abschnitts bis »Zusammenfassung und erste Folgerungen« verzichten, muß aber, wenn er Belege für die entwickelten Thesen verlangt, auf diesen Abschnitt rückverwiesen werden.

Wer sich vor allem für Erklärungsprobleme interessiert und schon über wissenschaftstheoretische Vorkenntnisse verfügt, kann die Ausführungen zum Erklärungsbegriff im ersten Abschnitt übergehen und sich vor allem auf den zweiten Abschnitt konzentrieren. Im dritten Abschnitt wird für ihn besonders »Mentalistische Begriffe in der psychologischen Wissenschaftssprache« von Interesse sein.

Ebenso ist der zweite Abschnitt vor allem für den relevant, der sich mit der allgemeinen Verhaltenstheorie SKINNERS und Lerntheorien allgemein befaßt. Die Analyse der SKINNERschen Konzeption und ihre Formalisierung sind auch außerhalb des Kontextes, in dem sie hier begegnen, nicht ohne Bedeutung.

Wem es schließlich auf umgreifendere Zusammenhänge zwischen Psychologie, Gesellschaft und Mensch ankommt, wird vor allem den letzten Abschnitt wählen, der allerdings nur partiell für sich spricht und auf die übrigen Teile dieser Arbeit angewiesen bleibt.

Ein Verzeichnis der Abkürzungen findet man am Ende des Buches ebenso wie eine kurze Einführung in die in diesem Buch verwendete logische Symbolik und Notation. Der auf diesem Gebiet weniger versierte Leser mag damit beginnen.

Zum Ziel und Gegenstand der Psychologie

Einführung

Dieses Buch handelt von den Vorurteilen der modernen Psychologie, speziell der modernen Metapsychologie. Es geht weniger um die Fragwürdigkeit objektsprachlicher psychologischer Aussagen, vielmehr um die Begründbarkeit metatheoretischer Sätze, in denen Probleme des Gegenstandes, der Methode und der Sprache der Psychologie behandelt werden. Metatheoretische Aussagen sind nicht selbst Ergebnis empirischer Forschung, steuern aber wesentlich den Forschungsprozeß und nehmen so Einfluß auf Fragestellungen, Vorgehensweisen und sprachliche Darstellungssysteme der Psychologie.
Antworten auf die Fragen, was erforscht werden soll, wie es erforscht werden soll und in welcher Wissenschaftssprache die Forschungsergebnisse ausgedrückt werden sollen, folgen aus den metatheoretischen Konzeptionen eines Forschers oder einer Forschergruppe. Vorurteile im Bereich der Metapsychologie können zu aussichtslosen Forschungsprogrammen führen, die wissenschaftliches Potential binden, die Realisierung adäquater Forschungsprogramme verzögern oder verhindern und die Gesellschaft durch finanzielle Fehlinvestitionen schädigen. Die Eliminierung dieser Vorurteile wäre also für Wissenschaft und Gesellschaft von einigem Nutzen. Man hätte damit natürlich kein Kriterium für die Abgrenzung erfolgreicher von erfolglosen Forschungsprogrammen gewonnen, bevor deren Realisierung in Angriff genommen wäre, könnte aber die von Anfang an aussichtslosen Programme ausscheiden.
Vorurteile geben sich selten als solche auf den ersten Blick zu erkennen. Sie haben vielfach die Dignität von Selbstverständlichkeiten, die

niemand in Frage stellt, und sind Grundlage und Ausgangspunkt wissenschaftlichen Handelns und Denkens, selten deren Gegenstand. Gerade im Bereich der Psychologie bilden sie das Fundament, auf dem ganze Menschenbilder gründen, die weitreichende Konsequenzen für gesellschaftliches Handeln gewinnen und durch die Anforderungen und Erwartungen, die von der Allgemeinheit an eine Wissenschaft gestellt werden, auf das Selbstverständnis von Psychologie zurückwirken.

SKINNER (1971) z.B. hat gezeigt, wie weit unsere Gesellschaft und ihre Institutionen von dem vorherrschenden (Ideal-)Bild vom autonomen, freien, selbstverantwortlichen und in seinen Einstellungen, Handlungen und Entscheidungen von der Umwelt weitgehend unabhängigen Menschen geprägt ist. Die von SKINNER in diesem Zusammenhang aufgedeckten Vorurteile zählen zum Grundbestand westlicher Kultur. Ihre Gültigkeit ist z.B. Voraussetzung für unsere freiheitlich demokratische Grundordnung, wie sie das Grundgesetz garantiert, und für die heute üblichen Formen des Humanismus. Ihre Kritik sollte auch in diesen Bereichen zum Überdenken und u.U. zu einer Neuorientierung zwingen. Die »Literatur von der Freiheit und Würde des Individuums« (SKINNER 1971), die dieses Ideal-Bild wesentlich mitgeschaffen und propagiert hat (MOLNAR 1966), findet in der Psychologie ihre Parallele z.B. in den neueren Schriften HOLZKAMPS (1972) und den für alle Psychologen verbindlichen ethischen Verpflichtungen (APA 1963, BDP).

Wir müssen eine Diskussion dieser Kontroverse verschieben, da wir gegenwärtig nicht in der Lage sind, über unverbindliche abstrakte Erörterungen hinaus Resultate von einiger Verbindlichkeit zu gewinnen. Eine begründete Stellungnahme erfordert umfangreiche Vorüberlegungen, auf die nur verzichten kann, wer Vorurteile durch Vorurteile ersetzen will.

Eine wesentliche Schwäche z.B. der kritischen Psychologie (HOLZKAMP 1972), in der die Auseinandersetzung mit den Vorurteilen moderner Psychologie einen breiten Raum einnimmt, liegt gerade in dem ad hoc Charakter und der Unverbindlichkeit ihrer Ergebnisse und Lösungsvorschläge. Ihre Stärke ist zweifellos die schonungslose Offenheit ihrer Diagnose des desolaten Zustandes weiter Bereiche heutiger Psychologie.

Um die Voraussetzungen für eine adäquate Behandlung dieser Probleme zu schaffen, gehen wir zunächst auf Ziel, Gegenstand und Methode der Psychologie ein, stellen dann am Beispiel der allgemeinen Verhaltenstheorie die Frage nach ihrem Gegenstand und klären, ob, wie weit und mit welchen Methoden das Ziel der Psychologie in diesem Teilbereich erreichbar ist. Es läßt sich zeigen, daß die für die Verhaltenstheorie gewonnenen Resultate m.E. auf psychologische Theorien überhaupt generalisierbar sind.

Das gibt uns die Möglichkeit, eine ganze Reihe von Vorurteilen, Stereotypen, Kurzschlüssen und non sequiturs in der Metapsychologie als solche aufzuweisen und die zugrunde liegenden Fehlhaltungen – hoffentlich vorurteilsfrei – zu korrigieren. Bisherige Bemühungen um die Klärung der angeschnittenen Fragen befaßten sich meist abstrakt mit der jeweiligen Problematik, ohne ihre Schlüsse an konkreten, gut bewährten psychologischen Theorien zu validieren. So fällt in erster Linie ihre Beliebigkeit auf, die dazu auffordern mußte, ständig neue Entwürfe zu wagen.

Wir werden unsere wesentlichsten Gedanken am Beispiel der allgemeinen Verhaltenstheorie im Rahmen ihrer wissenschaftstheoretischen und formal-logischen Analyse entwickeln. Wir sehen in der formalen Logik und ganz allgemein in der Mathematik den Inbegriff eines wissenschaftlichen Sprachsystems, in dem sich alle Standards vernünftiger wissenschaftlicher Rede erfüllen lassen, die Voraussetzungen (keineswegs hinreichende) für die systemimmanente und systemtranszendente Verbindlichkeit (HOLZKAMP 1964, 1968) wissenschaftlicher Aussagen sind, und das in den übrigen Naturwissenschaften längst zu einer Selbstverständlichkeit geworden ist.[2]

Wer nicht präzisieren kann, was er mit einer (wissenschaftlichen) Aussage meint, kann über ihre Verbindlichkeit keine Angaben machen, ihr Geltungsanspruch bleibt unentschieden. Alles, was klar gesagt werden kann, kann auch formalisiert werden. Insoweit bedeutet Formalisierung nicht notwendig Reduzierung des Gegenstandsbereichs einer Wissenschaft und Einengung der Menge sinnvoller wissenschaftlicher Fragestellungen.

Wir haben die Verhaltenstheorie[3] (SKINNER 1938, 1953, 1956, 1969; s.a. FOPPA 1965) zum Ausgangspunkt gewählt, da sie zu den einflußreichsten und am besten überprüften Konzeptionen moderner Psychologie gehört. Wenn Psychologie als empirische Wissenschaft überhaupt schon gesicherte Resultate aufzuweisen hat, gehören die der Verhaltenstheorie sicherlich dazu. Auch ihre praktische Relevanz dürfte mittlerweile unumstritten sein: Sie bildet die Grundlage für die programmierte Instruktion (BIJOU 1970; CORRELL 1965, 1967; SKINNER 1967, 1968) und die (wie viele behaupten) außerordentlich erfolgreiche Verhaltenstherapie (BLÖSCHL 1969, EYSENCK & RACHMALN 1968, FERSTER 1972, FRANKS 1969, KANFER & PHILLIPS 1970). Diese

Beiträge zum technischen Erkenntnisinteresse werden ergänzt durch die anthropologischen Konsequenzen und gesellschaftstheoretischen Implikationen der Verhaltenstheorie, denen man gesellschaftliche und emanzipatorische Relevanz kaum wird absprechen können. Besonders SKINNERS (1948, 1953, 1969, 1971) teils sachlichen, teils kritischen, teils utopischen gesellschaftstheoretischen Ausführungen könnte eine innovative Funktion für ein verändertes Bild von Mensch und Gesellschaft zukommen. So wird man ohne weiteres sein »Beyond freedom and dignity« (1971) dem emanzipatorischen Erkenntnisinteresse unterordnen können, obwohl oder gerade weil es auf Extrapolationen gesicherter experimenteller Forschungsergebnisse beruht.

Ziele der Psychologie

Eine zufriedenstellende Antwort können wir an dieser Stelle nur auf die Frage nach dem Ziel der Psychologie geben; was den Gegenstand und die Methode der Psychologie anbetrifft, so werden wir erst im Verlauf bzw. am Ende dieser Arbeit klarer sehen.
Ziel der Psychologie ist die Erklärung, Vorhersage und Kontrolle der Ereignisse ihres Gegenstandsbereichs (BROWN & GHISELLI 1955, KERLINGER 1964, SELG 1971). Auf diese allgemeine Definition wird man sich am ehesten einigen können, zumal sie mit der Zielsetzung anderer empirischer Wissenschaften übereinstimmt. Wenn man, wie in der analytischen Wissenschaftstheorie üblich (s. d. STEGMÜLLER 1969), das Verstehen nicht als Gegensatz, sondern als Vorstadium des Erklärens begreift, werden sich auch Theoretiker, denen es weniger auf Kontrolle (für manche ein Synonym für Manipulation und Menschen manipuliert man nicht) als auf Verständnis von Ereignissen ankommt, zu dieser Begriffsbestimmung bekennen können.
Definitionen erfüllen nur dann ihren Zweck (s. d. SUPPES 1957), wenn sie einen neuen oder unbekannten Begriff, das Definiendum, durch einen oder mehrere schon eingeführte und bekannte Begriffe, die das Definiens bilden, ersetzen. Im Definiens dürfen deshalb keine noch unverstandenen Begriffe vorkommen. Damit gewinnt auch unsere Begriffsbestimmung erst Aussagekraft, wenn die Begriffe der Erklärung, Prognose und Kontrolle hinlänglich präzisiert worden sind, ein trivialer Sprachverhalt, der allerdings, wie wir bei der Frage nach dem Gegenstand der Psychologie sehen werden, nicht immer ausreichend beachtet wird.

Die Begriffe der Erklärung und Prognose gehören zu den zentralen Kategorien der allgemeinen Wissenschaftstheorie. Ihre Struktur und Problematik ist bereits außerordentlich intensiv untersucht worden. So existieren Modelle, die eine für unsere Zwecke ausreichende Präzisierung erlauben.

Der Begriff der Erklärung

Erklärungen geben Antwort auf Warum-Fragen. Nicht alle Warum-Fragen zielen jedoch auf Erklärungen. HEMPEL, dem wir gemeinsam mit OPPENHEIM (1948; s. a. HEMPEL 1962, 1965, 1966, 1968) das am weitesten ausgearbeitete Erklärungsmodell verdanken (s. d. a. BRODBECK 1962, NAGEL 1961, STEGMÜLLER 1969), unterscheidet *Erklärung-suchende-Warum-Fragen* von *epistemischen Warum-Fragen*, die durch die Angabe von Gründen beantwortet werden können. Eine strenge Trennung ist hier unzweckmäßig, da die Suche nach Erklärungen als Spezialfall der Suche nach Gründen aufgefaßt werden kann, nach Gründen nämlich, die zugleich Ursachen sind.
Die Zweiteilung setzt voraus, daß man in der Unterscheidung von Erkenntnis- oder Vernunftgründen, wie sie in Begründungen geliefert werden, und Realgründen, d. h. Seinsgründen oder Ursachen, wie sie in Erklärungen auftreten, einen Sinn sieht.
Das zu Erklärende, das *Explanandum*, ist, wenn es sich nicht um die Erklärung eines Gesetzes handelt, ein Sachverhalt s, der durch einen empirischen Satz beschrieben wird. Die Erklärung suchende Warum-Frage lautet dann: *Warum ist es der Fall, daß s?* Wissenschaftler interpretieren diese Frage in folgender Weise: *Auf Grund von welchen Antezedensbedingungen und gemäß welchen Gesetzen ist es der Fall, daß s?* (STEGMÜLLER 1969).
Handelt es sich bei den Gesetzen um Kausalgesetze, kann man in den Antezedensbedingungen *Ursachen* sehen. In der Wissenschaftstheorie wird der Begriff des Kausalgesetzes jedoch nur selten verwandt, da seine Präzisierung auf erhebliche Schwierigkeiten stößt (STEGMÜLLER 1960). Statt dessen spricht man besser von *strikten* oder *deterministischen* Gesetzen und nennt sie auch *deterministische* oder *nomologische* Prinzipien. Sind die in einer Erklärung vorkommenden Gesetzmäßigkeiten ausschließlich deterministisch, so läßt sich das Explanandum aus der Konjunktion der Gesetze und Antezedensbedingungen deduzieren.
Vor allem in der Psychologie stehen nicht immer nomologische Ge-

setze zur Verfügung. Man muß mit *statistischen* oder *probabilistischen* Gesetzesmaßnahmen, also *Wahrscheinlichkeitshypothesen*, operieren. Diese erlauben auch in Verbindung mit den Antezedensbedingungen keinen logischen Schluß auf das Explanandum. Der Argumentationsschritt kann lediglich mit einer gewissen Wahrscheinlichkeit erfolgen.

Die Anzahl deterministischer Gesetzesmaßnahmen in der Psychologie wird häufig unterschätzt. Es ist durchaus nicht der Fall, daß wir nur über Wahrscheinlichkeitshypothesen verfügen. Die in der Psychologie so beliebte Jagd nach Signifikanzen und die damit verbundenen Schwächen psychologischer Theorienbildung (s. d. Dunette 1969) haben hier ein falsches Bild entstehen lassen. Wir werden sehen, daß z.B. die Verhaltenstheorie in ihren wesentlichen Zügen deterministischen Charakter hat.

Analog zur Aufteilung in nomologische und statistische Gesetzesannahmen unterscheidet man *deduktiv-nomologische* und *induktiv-statistische* Erklärungen. Deduktiv-nomologische Erklärungen (DN-Erklärungen) haben nach Hempel & Oppenheim (1948) folgende Struktur:

$$G_1, G_2, \ldots$$
$$A_1, A_2, \ldots \quad Explanans$$
$$\overline{}$$
$$E \quad Explanandum$$

Dieses sogenannte *H–O-Schema der wissenschaftlichen Erklärung* besteht aus folgenden Elementen:

$G_1, G_2, \ldots$ sind *allgemeine Gesetze*, Hypothesen oder theoretische Annahmen.

$A_1, A_2, \ldots$ sind Sätze, die die *Antezedensbedingungen* – Popper (1966) würde von *Randbedingungen* sprechen – beschreiben.

E ist die Beschreibung des zu erklärenden Ereignisses.

——— deutet an, daß E logisch aus $G_1, G_2, \ldots$ und $A_1, A_2, \ldots$ folgt und symbolisiert den Argumentationsschritt.

$G_1, G_2, \ldots$ bilden zusammen das Explanans, also das, was das Ex-
$A_1, A_2, \ldots$ planandum erklärt.

Zur Veranschaulichung der abstrakten Darstellung ein Beispiel, im Zusammenhang mit der Verhaltenstheorie werden viele andere folgen:

G: Alle Personen mit einem IQ unter 80 versagen auf der Universität.
A: Peter hat einen IQ unter 80.
———
E: Peter versagt auf der Universität.

Hier wird auch die Beziehung zur Diagnostik deutlich. Wird etwa Peter auf Grund von Studienmißerfolg (E) vorgestellt und findet der Diagnostiker durch Anwendung von Intelligenztests, daß Peters IQ unter 80 liegt (A), so hat er damit, wenn G zu den gut bewährten Gesetzen der Psychologie gehört und ausnahmslos gilt, eine wissenschaftliche Erklärung für E gegeben.

Allgemein werden ja Aussagen in der Form von A in der Psychodiagnostik als *Diagnosen* bezeichnet. Gilt es andererseits, das Verhalten von Peter vorherzusagen, so wird auf Grund von G zunächst A ermittelt und dann E deduziert. In diesem Fall hat E die Funktion einer *Prognose*.

Eine systematische Analyse des diagnostischen Prozesses unter dem Aspekt der wissenschaftlichen Erklärung hat WESTMEYER (1972) vorgenommen. Es hat sich gezeigt, daß mit Hilfe der Begriffe der deduktiv-nomologischen und induktiv-statistischen Systematisierung durch Konstruktion eines präskriptiven Modells des diagnostischen Prozesses die Grundlegung einer normativen Diagnostik möglich wird.

Adäquatheitsbedingungen für Erklärungsargumente

DN-Erklärungen können von unterschiedlicher Güte sein. Deshalb sind Bedingungen zu formulieren, denen *adäquate* und *korrekte* Erklärungen genügen müssen. Diese Bedingungen sind nach HEMPEL & OPPENHEIM (1948), modifiziert nach STEGMÜLLER (1969, 86):

B_1. Das Argument, das vom Explanans zum Explanandum führt, muß korrekt sein.

B_2. Das Explanans muß mindestens ein allgemeines Gesetz enthalten (oder einen Satz, aus dem ein allgemeines Gesetz ableitbar ist).

B_3. Das Explanans muß empirischen Gehalt besitzen.

B_{4+}. Die Sätze, aus denen das Explanans besteht, müssen wahr sein.

B_{4+} kann durch B_4 ersetzt werden:

B_4. Die Sätze, aus denen das Explanans besteht, müssen gut bestätigt bzw. bewährt sein.

B_4 ist eine schwächere Bedingung als B_{4+}. Gesetze sind nicht verifizierbar, damit auch nie wahr, sondern immer nur mehr oder weniger gut bestätigt bzw. bewährt. Um Erklärungsargumente, wie sie in Wissenschaften begegnen, nicht grundsätzlich als inkorrekt und inadäquat auszeichnen zu müssen, tritt B_4 an die Stelle von B_{4+}.

Die Rechtfertigung der Adäquatheitsbedingungen ergibt sich für B_2 und B_3 unmittelbar aus der Interpretation der Erklärung suchenden Warum-Frage. B_1 soll sicherstellen, daß der Schluß vom Explanans auf das Explanandum ein logisch-deduktiver Schluß ist. Unlogische Argumentationen und non sequiturs werden so ausgeschlossen. B_4 bzw. B_{4+} gewährleisten, daß für eine Erklärung nur wahre oder zumindest gut bewährte (nicht falsifizierte) Gesetzesmaßnahmen in Frage kommen und die Antezedensbedingungen im gegebenen Fall tatsächlich zutreffen. Ohne B_4 bzw. B_{4+} wären auch solche Erklärungen korrekt, die aus gänzlich ungeprüften Aussagen, die nur formal die Struktur von Gesetzen haben, und rein hypothetischen Antezedensbedingungen bestehen. Auch bereits falsifizierte Gesetzesannahmen wären dann als Bestandteile in Explanantien zugelassen.[4]

Das H–O-Schema der wissenschaftlichen Erklärung und die zugeordneten Adäquatheitsbedingungen explizieren formale Charakteristika der Zielzustände psychologischer Forschung. Wenn eines der Ziele der Psychologie die Erklärung der Ereignisse ihres Gegenstandsbereichs ist, bilden Erklärung suchenden Warum-Fragen den Ausgangspunkt psychologischen Forschens. Ob bzw. wie weit das Ziel bereits erreicht ist, läßt sich an dem Ausmaß ablesen, in dem die auf Grund der Forschungsergebnisse möglichen Erklärungsargumente die Adäquatheitsbedingungen erfüllen.

Diese Bedingungen gewinnen so den Charakter *methodologischer Standards* mit folgender Funktion: Sie bilden die Grundlage für die Beurteilung der Korrektheit und Adäquatheit wissenschaftlicher Erklärungen in der Psychologie. In diesem Sinne stellen sie ein Forschungsziel für den Psychologen dar.

Für den Fall, daß nicht alle notwendigen Bedingungen von einem vorgeschlagenen Erklärungsargument erfüllt werden, lassen sich aus den Adäquatheitsbedingungen Hinweise auf die noch zu unternehmenden Schritte ableiten. Unter Umständen können in normativen Handlungsmodellen optimale Strategien zur Zielerreichung bei gegebenem Ausgangsproblem entwickelt werden (s. d. WESTMEYER 1972).

Methodologische Standards sind nicht ein für allemal endgültig gegeben. Sie repräsentieren die zu einer bestimmten Zeit für optimal gehaltenen Ziele und Verfahren (ACKOFF 1962). Sie unterliegen z. T. ständigen Veränderungen, die sich auf Grund der Erfahrungen, die man bei der Anwendung dieser Standards gesammelt hat, als zweckmäßig erweisen. Voraussetzung für einen derartigen Lernprozeß sind explizit formulierte Modelle, die eine verbindliche Beurteilung von Zielen und Methoden ihrer Verwirklichung gestatten.

Auch das H–O-Modell ist mehrfach angegriffen worden, ohne daß allerdings explizit ein vergleichbares Alternativkonzept geboten worden wäre[5]. Die Anwendbarkeit des Schemas im Bereich der Sozialwissenschaften und der Geschichtswissenschaft wird von manchen Theoretikern bestritten (s. d. BORGER & CIOFFI 1970; BROWN 1963; FODOR 1968a, 1968b; MEEHAN 1968). STEGMÜLLER (1969) hat jedoch zeigen können, daß alle angeführten Gegenargumente das Modell nicht treffen, da sie entweder auf Varianten des Begriffs der *unvollkommenen* Erklärung oder auf *pragmatische* Erklärungsbegriffe Bezug nehmen.
Das H–O-Schema hat auf den ersten Blick etwas Endgültiges. Es läßt sich schwer vorstellen, wie man den Zielzustand einer empirischen Wissenschaft, die Antworten auf Erklärung suchende Warum-Fragen geben will, für den DN-Fall anders explizieren könnte. Die Adäquatheitsbedingungen haben für diesen Fall offenbar den Charakter von Bedeutungspostulaten für den Begriff der korrekten wissenschaftlichen Erklärung.[6]
Einwände gegen dieses Modell lassen sich meist darauf zurückführen, daß bestimmte Theoretiker ihre Konzeption, wenn sie die Adäquatheitsbedingungen nicht oder nur partiell erfüllt, nicht als unwissenschaftlich oder unvollkommen bezeichnen wollen und deshalb das Schema kritisieren, statt die eigene Theorie einer Überprüfung zu unterziehen (s. d. FEYERABEND 1961).

Statistische Syllogismen

Induktiv-statistische Erklärungen erfordern ein leicht modifiziertes Modell, das der Tatsache Rechnung trägt, daß das Explanans statistische Gesetzesannahmen enthält. Es liegt nahe, in diesem Zusammenhang zunächst an den *statistischen Syllogismus* zu denken, der sich als Modell der statistischen Inferenz anbietet. Ein einfaches Beispiel aus der Demoskopie verdeutlicht die allgemeine Struktur statistischer Syllogismen:

G: 71% der Männer unter dreißig schlafen leicht ein.
A: Stephan ist ein Mann unter 30.
E: Die Wahrscheinlichkeit dafür, daß Stephan leicht einschläft (zur Klasse der leicht Einschlafenden gehört) ist 0.71.

Ein weiteres hypothetisches Beispiel läßt erkennen, daß auch die Antezedensbedingungen Wahrscheinlichkeitshypothesen (mit idiographischem Charakter) sein können:

G: Bei 60% der kontaktgestörten Personen kommt es zu einer Persönlichkeitsfehlentwicklung.
A: Burkhard ist mit einer Wahrscheinlichkeit von 0.80 kontaktgestört.
___
E: Die Wahrscheinlichkeit dafür, daß es bei Burkhard zu einer Persönlichkeitsfehlentwicklung kommt, ist 0.48 (= 0.80 · 0.60).

Eine Verallgemeinerung ergibt folgende Argumente (x ist eine Individuenvariable, a eine Individuenkonstante, A und B symbolisieren Eigenschaften oder Klassen, q und r sind Variable für Wahrscheinlichkeitswerte):

$$\frac{(x)p(Bx/Ax) = q}{Aa} \quad \text{bzw.} \quad \frac{(x)p(Bx/Ax) = q}{p(Aa) = r}$$
$$\overline{p(Ba) = q} \qquad\qquad \overline{p(Ba) = qr}$$

(s. d. SUPPES 1966).
In den Ausdrücken »p(Ba) = q« und »p(Ba) = qr« wird die Konklusion *modal qualifiziert*. q und r sind *objektive Wahrscheinlichkeitswerte*.
Statt der Formulierung

p(Bx/Ax) = q
Aa

also gilt mit der Wahrscheinlichkeit q, daß Ba

begegnen die spezielleren Varianten

p(Bx/Ax) = q   und q nahe bei 1.00
Aa
also ist es beinahe sicher, daß a ein B ist

und

p(Bx/Ax) = q   und q nahe bei 0.00
Aa
also ist es beinahe sicher, daß a kein B ist.

Schwierigkeiten statistischer Syllogismen

Statistische Syllogismen führen aber, wie vielfach gezeigt wurde (HEMPEL 1962, STEGMÜLLER 1969), zu logischen Widersprüchen und sind deshalb ungeeignet, ein adäquates Modell statistischer Erklärungen und Prognosen zu liefern. Beim Nachweis der logischen Widersprüche folgen wir STEGMÜLLER (1969, 632), der sich seinerseits auf HEMPEL (1962) bezieht.

In der Konklusion (bei Erklärungen: dem Explanandum) wird einem Individium eine Eigenschaft zugeschrieben, es wird in eine Klasse eingeordnet. Der Wert der Wahrscheinlichkeit, mit der diese Zuordnung erfolgt, wird der statistischen Prämisse (bei Erklärungen: der Wahrscheinlichkeitshypothese) entnommen. Hat diese Prämisse die Gestalt »$p(Bx/Ax) = q$«, so wird für die Anwendung des Schlusses lediglich verlangt, daß das betreffende Individuum die Eigenschaft A hat bzw. zur Klasse A gehört. Weitere Bedingungen, denen diese Zuordnung genügen muß, werden nicht aufgestellt.

Nun können statt A andere Bezugsklassen und Eigenschaften A', A'', ... gewählt werden, für die sich in den meisten Fällen andere von q abweichende Wahrscheinlichkeiten q', q'', ... für die Zugehörigkeit zur Klasse B ergeben. Ein Individuum wird nun meist zu mehreren Klassen gehören, so daß folgender Fall eintreten kann:

$(x)p(Bx/Ax) = q$
Aa
also gilt mit Wahrscheinlichkeit q, daß a ein B ist

und

$(x)p(Bx/A'x) = q'$
$A'a$
also gilt mit der Wahrscheinlichkeit q', daß a ein B ist.

Ist nun q verschieden von q', so führt dasselbe Schlußverfahren zu miteinander in Widerspruch stehenden Konklusionen, obwohl alle Prämissen gültig sein können.

Man kann verallgemeinern: Wenn immer Individuen wenigstens zwei Bezugsklassen angehören, die in bedingten statistischen Aussagen mit demselben ersten Argumentglied als jeweils zweite Argumentglieder begegnen, und wenn diese Wahrscheinlichkeitshypothesen verschiedene Werte haben, so läßt sich ein statistischer Syllogismus mit einer bestimmten Konklusion durch einen rivalisierenden Syllogismus paralysieren, der eine mit der ersten unvereinbare Konklusion enthält.

Das gilt trotz der Tatsache, daß sämtliche Prämissen beider Syllogismen wahr sein können. Deshalb muß der statistische Syllogismus auf einer fehlerhaften Konstruktion beruhen. Im DN-Fall können derartige Widersprüche natürlich nicht auftreten.

Man kann versuchen, dieser Schlußfolgerung dadurch zu entgehen, daß man einen präzisierten Wahrscheinlichkeitsbegriff einführt oder als Zusatzbedingung fordert, daß nur der Syllogismus annehmbar sei, der alle zur Verfügung stehenden Informationen berücksichtigt.

HEMPEL (1962) hat jedoch gezeigt, daß sich die Schwierigkeiten des statistischen Syllogismus durch die Einführung eines im Rahmen der mathematischen Wahrscheinlichkeitstheorie präzisierten Wahrscheinlichkeitsbegriffs nicht beheben lassen. Die Zusatzforderung nach Berücksichtigung aller relevanten Bedingungen ist für explanative Argumente nicht erfüllbar (STEGMÜLLER 1969, s.a. SUPPES 1966). Statistische Syllogismen sind innerhalb der Psychologie von einigem Interesse, da z.B. die statistische Vorgehensweise in der Diagnostik auf diesem Modell gründet (MEEHL 1954; GROSS 1969; SARBIN, TAFT & BAILEY 1960).

Induktiv-statistische Systematisierungen

Die logischen Widersprüche lassen sich beheben, wenn man eine Reinterpretation der Wendungen »es ist sehr wahrscheinlich, daß...«, »es ist praktisch sicher, daß...« oder »die Wahrscheinlichkeit dafür, daß..., ist ——« in den Konklusionen (Explananda) vornimmt.
Im Rahmen statistischer Syllogismen wird Wahrscheinlichkeit als *objektive Wahrscheinlichkeit* verstanden, die in der Konklusion den Charakter einer *modalen Qualifikation* besitzt. Gibt man diese Interpretation auf und versteht unter Wahrscheinlichkeit in diesem Zusammenhang *induktive Wahrscheinlichkeit*, sind die Widersprüche aufgehoben. Die genannten Wendungen qualifizieren die Konklusion nicht mehr modal, sondern beinhalten als *Relationsausdrücke* eine bestimmte Beziehung zwischen den Prämissen (dem Explanans) und der Konklusion dem Explanandum) des jetzt induktiv-statistischen Arguments.
Kann man etwa im deduktiven Fall sagen

$$\frac{(x)(Ax \to Bx)}{Ba}\ \text{Aa} \quad \text{[mit Sicherheit] bzw. [mit Notwendigkeit]}$$

so gilt im induktiv-statistischen (IS-)Fall z.B.

$$\frac{(x)p(Bx/Ax) = 0.98}{Ba}\ \text{Aa} \quad \begin{array}{l}\text{[mit praktischer Sicherheit] oder}\\ \text{[verleiht praktische Gewißheit].}\end{array}$$

Für den allgemeinen Fall, in dem »$(x)p(Bx/Ax) = q$« gilt, kann man, STEGMÜLLER (1969) folgend, die Vereinbarung treffen – um den gegenwärtigen Zusammenhang nicht mit irrelevanten Komplikationen zu belasten –, daß die induktive Wahrscheinlichkeit der Konklusion Ba relativ zu den Prämissen $(x)p(Bx/Ax) = q$ und Aa den Wert q annehmen soll, so daß sich folgendes Argument ergibt:

$$\frac{(x)p(Bx/Ax) = q}{Ba} \quad [q].$$

Wenn wir ein derartiges Argument vor uns haben, wollen wir von einer *induktiv-statistischen Systematisierung der Basisform* sprechen. Es ist ein Modell für die Struktur wissenschaftlicher Erklärungen, die im Explanans statistische Gesetzesannahmen enthalten, allerdings ein Modell mit begrenztem Anwendungsbereich, da die zugelassenen Wahrscheinlichkeitshypothesen nur die Form bedingter Aussagen haben dürfen. Für komplexere statistische Aussagen (Korrelation-, Kovarianz-, Regressionsausdrücke usw.) sind, wenn sie nicht mit den Mitteln der Wahrscheinlichkeitsrechnung auf bedingte Aussagen zurückführbar sind, weitere Strukturmodelle nötig, die sich aber auf folgendes allgemeine Grundschema stützen dürften:

$$\frac{G_1, G_2, \ldots}{E} \quad [q]$$

$G_1, G_2, \ldots$ sind Gesetze, darunter wenigstens eine wesentlich vorkommende *statistische Gesetzmäßigkeit*, eine Wahrscheinlichkeitshypothese.

$A_1, A_2, \ldots$ sind Sätze, die die *Antezedensbedingungen*, die Randbedingungen, beschreiben.

────── [q] symbolisiert den Argumentationsschritt vom Explanans zum Explanandum, q gibt die *induktive Wahrscheinlichkeit* des Explanandums relativ zum Explanans an.

E ist die Beschreibung des zu erklärenden Ereignisses.

Jede IS-Systematisierung enthält zwei verschiedene Wahrscheinlichkeitsbegriffe. In der statistischen Gesetzesaussage als Teil des Explanans tritt ein *objektiver Wahrscheinlichkeitsbegriff* auf; der Relationsausdruck, der die Bestätigung (Bewährung) des Explanandums durch das Explanans ausdrückt, muß als *induktiver (personeller) Wahrscheinlichkeitsbegriff* gedeutet werden (CARNAP 1962, CARNAP & JEFFREY 1971, STEGMÜLLER 1972).

Es läßt sich leicht zeigen, daß IS-Systematisierungen nicht mehr zu den Widersprüchen führen, denen der statistische Syllogismus ausgesetzt ist. Zwei IS-Argumente

$$\frac{(x)p(Bx/Ax) = q}{Ba} \quad [q] \quad \text{und} \quad \frac{(x)p(Bx/A'x) = q'}{Ba} \quad [q']$$

stehen nicht mehr miteinander in Widerspruch, auch wenn q verschieden von q'. Die induktive Wahrscheinlichkeit des Explanandums Ba relativ zu einem Explanans ist lediglich eine andere als die relativ zu einem anderen Explanans.
Auch zwei Argumente

$$\frac{(x)p(Bx/Ax) = 0.98}{Ba} \quad [0.98] \text{ bzw. [verleiht praktische Sicherheit]}$$

und

$$\frac{(x)p(\neg Bx/A'x) = 0.98}{\neg Ba} \quad [0.98] \text{ bzw. [verleiht praktische Sicherheit]}$$

paralysieren sich nicht gegenseitig, auch wenn sämtliche vier Prämissen wahr sind. Die IS-Systematisierungen drücken nur aus, daß Ba eine hohe induktive Wahrscheinlichkeit relativ zu den Prämissen Aa und $(x)p(Bx/Ax) = 0.98$ zukommt, $\neg$Ba dagegen eine hohe induktive Wahrscheinlichkeit relativ den den Prämissen A'a und $(x)p(\neg Bx/A'x) = 0.98$

Anwendung induktiv-statistischer Systematisierungen

Probleme ergeben sich erst bei der Anwendung von IS-Systematisierungen. Auf welches der Argumente soll man sich bei einer Entscheidung stützen? Welche kann man vernachlässigen? Die beiden obigen Argumente führen zu gegensätzlichen Erwartungen: einmal hat a die Eigenschaft B, dann wird sie ihm abgesprochen. Entscheidet man sich für das erste Argument, kann man mit praktischer Gewißheit damit rechnen, daß a ein B ist, wählt man das zweite, kann man ebenso mit praktischer Gewißheit annehmen, daß a kein B ist. Man könnte nun zunächst nach der Maxime »*Bei Anwendung von IS-Systematisierungen verdrängt die schärfere Information die schwächere*« (STEGMÜLLER 1969, 666) verfahren.
Diese Bestimmung setzt für ihre Anwendung voraus, daß ein Einschließungsverhältnis zwischen den Informationen vorliegt. Wenn also in unserem Fall die Information, daß a zu A gehört, in der In-

formation, daß a zu A' gehört, echt enthalten ist, wird man sich zu recht bei einer Entscheidung auf die zweite Systematisierung beziehen dürfen. Wenn dagegen ein derartiges Inklusionsverhältnis nicht vorliegt oder bekannt ist, kann eine rationale Begründung der Entscheidung nicht gegeben werden. Die präzisierte Anwendungsregel ist nicht anwendbar. Man müßte in einem solchen Fall weitere empirische Gesetzmäßigkeiten finden, die die Beziehung zwischen A und A' kennzeichnen. Es könnte so u. U. ein weiteres Argument der Gestalt

$$\frac{(x)p(Bx/Ax \ \& \ A'x) = q}{Ba} \quad [q]$$

gebildet werden, das das Dilemma löst.

Weitere Überlegungen, auf die nicht eigens eingegangen werden soll (s. d. HEMPEL 1962, STEGMÜLLER 1969), haben eine Präzisierung des vorläufigen Anwendungskriteriums statistischer Systematisierungen notwendig werden lassen. Als gegenwärtig akzeptiert kann HEMPELs *Regel der maximalen Bestimmtheit* gelten:

(RMB) Es sei zur Zeit t eine IS-Systematisierung von der Gestalt

$$\frac{p(B/A) = q}{Ba} \quad [q]$$

gegeben. P sei die Konjunktion der Prämissen (also: Aa & p(B/A) = q) dieser Systematisierung. R sei die Konjunktion aller Elemente des rationalen Corpus zur Zeit t, RC_t (das rationale Corpus zur Zeit t enthält alle zur Zeit t akzeptierten Sätze – vor allem Gesetze – einer Wissenschaft). Die gegebene IS-Systematisierung ist *rational annehmbar relativ auf die Wissenssituation RC_t* genau dann, wenn folgendes gilt: Sofern aus der Konjunktion P & R logisch folgt, daß es eine Klasse A' gibt, so daß A'a und A'⊂A, so muß erstens aus P & R auch logisch ein statistisches Gesetz p(B/A') = r folgen. Zweitens muß entweder r = q gelten oder p(B/A') = r muß ein Theorem der mathematischen Wahrscheinlichkeitstheorie sein (modifiziert nach STEGMÜLLER 1969, 668f).

Es läßt sich zeigen, daß RMB die Mehrdeutigkeit der statistischen Systematisierungen beseitigt. Analog zu STEGMÜLLER (1969, 672) führen wir den Beweis durch reductio ad absurdum. Angenommen, die beiden IS-Systematisierungen

(1) $(x)p(Bx/Ax) = q$ $\quad$ (2) $(x)p(\neg Bx/Cx) = r$
$$\frac{Aa}{Ba} \quad [q] \qquad \frac{Ca}{\neg Ba} \quad [r]$$

liegen vor und sämtliche Prämissen gehören zu RC_t. q und r mögen jeweils größer als 0.50 sein. Da Aa und Ca zu RC_t gehören, ist auch Aa & Ca eine Folgerung aus dem zur Zeit t akzeptierten Wissen. Nimmt man nun an, daß (1) die Regel der maximalen Bestimmtheit erfüllt, so müßte aus RC_t auch das Gesetz

$$(x)p(Bx/Ax \& Cx) = q$$

logisch folgen und damit zu RC_t gehören.
Nimmt man dagegen an, daß (2) die Regel der maximalen Bestimmtheit erfüllt, so müßte ebenso das Gesetz

$$(x)p(\neg Bx/Ax \& Cx) = r$$

Bestandteil von RC_t sein. Nach den Regeln der Wahrscheinlichkeitsrechnung gilt aber

$$p(Bx/Ax \& Cx) + p(\neg Bx/Ax \& Cx) = 1$$

und damit auch: $r + q = 1$.
Das ist aber unmöglich, da nach Voraussetzung q und r größer als 0.50 sind. Es können also nicht beide Systematisierungen das Prinzip der maximalen Bestimmtheit erfüllen. (1) und (2) sind nicht beide zur gleichen Zeit rational annehmbar. Ein Handlungskonflikt entsteht nicht.
Auf diese Weise ist gezeigt, daß zu einer bestimmten Zeit nur IS-Systematisierungen rational annehmbar sind, die bei einer Anwendung nicht miteinander in Konflikt geraten. Anders gesagt: *IS-Systematisierungen, die miteinander in Konflikt stehen, können nicht zu ein und derselben Zeit rational annehmbar sein.*

Adäquatheitsbedingungen induktiv-statistischer Systematisierungen

Neben Kriterien für eine korrekte Anwendung sind für IS-Systematisierungen Adäquatheitskriterien zu formulieren, wie wir sie schon für DN-Erklärungen kennengelernt haben.

B_{1+}. Das Argument, das vom Explanans zum Explanandum führt, muß induktiv korrekt sein. Die induktive Wahrscheinlichkeit des Explanandums relativ zum Explanans muß im Rahmen der *induktiven Logik* bzw. der *normativen Theorie der personellen Wahrscheinlichkeit* (s. d. CARNAP & JEFFREY 1971, STEGMÜLLER 1972) korrekt berechnet sein.

B_{2+}. Das Explanans muß mindestens ein allgemeines statistisches Gesetz enthalten (oder einen Satz, aus dem eine allgemeine Wahrscheinlichkeitshypothese ableitbar ist).

B_3. Das Explanans muß empirischen Gehalt besitzen.

B_{4+}. Die Sätze, aus denen das Explanans besteht, müssen wahr sein.

B_4. Die Sätze, aus denen das Explanans besteht, müssen gut bewährt bzw. bestätigt sein.

Die Adäquatheitsbedingungen für IS-Systematisierungen unterscheiden sich nur in den ersten beiden Standards von den Adäquatheitsbedingungen für DN-Erklärungen. Letztere fordern den deduktiven Übergang vom Explanans zum Explanandum und wenigstens ein allgemeines nomologisches Gesetz, während in IS-Argumenten das Explanandum nicht aus dem Explanans logisch ableitbar ist, sondern nur mehr oder weniger (induktiv-) wahrscheinlich relativ zum Explanans ist; außerdem muß im Explanans wenigstens eine allgemeine Wahrscheinlichkeitshypothese vorkommen.[7]

Wie-es-möglich-war, daß-Erklärungen

Die angegebenen Strukturmodelle kennzeichnen zusammen mit den entsprechenden Adäquatheitsbedingungen Zielzustände psychologischer Forschung, d. h. korrekte wissenschaftliche Erklärungen der Ereignisse des Gegenstandsbereichs der Psychologie.

Außer diesen vollkommenen Erklärungen gibt es natürlich in der Praxis der Wissenschaft eine ganze Reihe *unvollkommener Erklärungen* und bloßer *Erklärbarkeitsbehauptungen*, die als Durchgangsstadien auf dem Wege zu einer korrekten wissenschaftlichen Erklärung begriffen werden können. Wir wollen an dieser Stelle auf eine Typologie unvollkommener Erklärungen verzichten (s. d. BRODBECK 1962; HEMPEL 1968; STEGMÜLLER 1966, 1969) und auf ein spezielles Erklärungsmodell eingehen, das sich aus einer Liberalisierung der Adäquatheitsbedingungen, wie wir sie bisher formuliert haben, ergibt. Dieses Modell wird bei der Beurteilung des Erklärungswertes von im Laboratorium unter Bedingungskontrolle geprüften Gesetzesannahmen für in der natürlichen Umwelt ohne Kontrolle der relevanten Bedingungen beobachtete Ereignisse eine entscheidende Rolle spielen.

Die Struktur der Erklärungsschemata bleibt unverändert, lediglich die vierte Adäquatheitsbedingung wird modifiziert. An ihre Stelle tritt

B_4'. Die im Explanans enthaltenen Gesetze G_1, G_2, ... müssen gut bewährt bzw. bestätigt sein.

B_4' stellt die Bedingung, gut bewährt und bestätigt zu sein, nur noch für einen Teil des gesamten Explanans. Die Sätze, die die Antezedensbedingungen beschreiben, werden von B_4' nicht betroffen.

Dieses Modell, das eine Form der unvollkommenen Erklärung expliziert, nimmt auf die Möglichkeit Bezug, daß für ein bestimmtes Ereignis eine ganze Reihe alternativer Erklärungen möglich ist, zwischen denen unter gewissen Umständen nicht mehr entschieden werden kann. Wenn z. B. für ein bestimmtes Ereignis mehrere alternative Klassen hinreichender Bedingungen bekannt sind, können auch mehrere Explanantien zur Erklärung des Ereignisses gebildet werden. Wenn man die relevanten Bedingungen unter Kontrolle hat, kann man unter den potentiellen Explanantien das im gegebenen Fall tatsächlich zutreffende ausfindig machen. Fehlt diese Bedingungskontrolle, ist oft eine Rekonstruktion der tatsächlichen Antezedensbedingungen im Nachhinein nicht mehr durchführbar. Es stehen dann mehrere rivalisierende Argumente nebeneinander, die die Adäquatheitsbedingungen B_1 bzw. B_{1+}, B_2 bzw. B_{2+}, B_3 und B_4' gleichermaßen erfüllen. Eine Rangordnung ist unter günstigen Umständen vielleicht dadurch möglich, daß den Klassen alternativer Antezedensbedingungen im jeweils gegebenen Fall eine unterschiedliche Plausibilität zukommt. Eine exakte Angabe kann nur selten vorgenommen werden; der Plausibilitätsbegriff dürfte sich kaum quantifizieren lassen und wenn, dann nur als pragmatischer, subjektiver Begriff, der auf die Person des Erklärenden explizit Bezug nimmt.

Für ein bestimmtes Explanandum E ergibt sich so folgende Situation im DN-Fall (entsprechend für den IS-Fall):

$$\frac{G_{11}, G_{21}, \ldots}{A_{11}, A_{21}, \ldots} \qquad \frac{G_{11}, G_{21}, \ldots}{A_{11}, A_{21}, \ldots} \qquad \frac{G_{1n}, G_{2n}, \ldots}{A_{1n}, A_{2n}, \ldots}$$
$$E \qquad\qquad\qquad E \qquad\qquad\qquad E$$

Die $A_{1i}, A_{2i}, \ldots$ ($1 \leq i \leq n$) sind jeweils hinreichende Bedingungen für das Eintreten von E, die $G_{1i}, G_{2i}, \ldots$ jeweils gut bewährte Gesetze, die zusammen mit den Antezedensbedingungen die Ableitung von E gestatten.

Wir wollen diese Art der (unvollkommenen) Erklärung im Gegensatz zu der *Erklärung, warum etwas geschah*, als *Erklärung, wie es möglich war, daß etwas geschah*, bezeichnen. Sie gibt eine Reihe potentieller Explanantien an, ohne das im gegebenen Fall tatsächlich zutreffende auszeichnen zu können. Jedes dieser potentiellen Explanantien kommt als Explanans einer korrekten Erklärung in Frage, es läßt sich nur nicht mehr feststellen, welches Explanans eine korrekte wissenschaftliche Erklärung für das gegebene Explanandum liefert, die auch B_{4+} erfüllt.

Es wird geklärt, wie es möglich war, daß es zu dem im Explanandum beschriebenen Ereignis kam, es wird aber offengelassen, ob nicht vielleicht ganz andere Gründe (Ermöglichungsgründe) vorgelegen haben. Wenn sich zwischen rivalisierenden potentiellen Explanantien keine Entscheidung oder Rangordnung auf Grund von Plausibilitätserwägungen vornehmen läßt, ist die Wahl eines der Explanantien beliebig; man könnte auch mehrere anführen.

Abstufungen nach Plausibilität dürften ohnehin nur im Anwendungsfall relevant werden und grundsätzlich nichts an der Mehrdeutigkeit dieser Erklärungsform ändern. Jedes einzelne Argument erfüllt die entsprechenden Adäquatheitsbedingungen in gleicher Weise.

Wir werden sehen, daß diese Variante unvollkommener Erklärungen in der Verhaltenstheorie bei der Suche nach historisch-genetischen Erklärungen von Verhaltensereignissen eine große Rolle spielt.

Nur um Mißverständnisse zu vermeiden, weisen wir darauf hin, daß das hier explizierte Modell der Erklärung, wie es möglich war, daß etwas geschah, sich wesentlich unterscheidet von dem Modell gleichen Namens von DRAY (1957; s. a. STEGMÜLLER 1969, 375 ff). DRAYs Intention läßt sich in einer Gegenüberstellung der Warum-Erklärung und der Wie-es-möglich-war, daß-Erklärung kennzeichnen.

»Wenn man erklärt, warum sich etwas ereignete, so weist man damit die Annahme zurück, daß das, was sich ereignete, nicht hätte geschehen müssen, und zwar dadurch, daß man zeigt: es mußte so kommen, das ›müssen‹ im kausalen Sinn des Einklangs mit einem Kausalgesetz verstanden. Wenn man erklärt, wie es möglich war, daß etwas sich ereignete, weisen wir damit die Annahme zurück, daß es sich nicht hätte ereignen können, und zwar dadurch, daß wir zeigen: auf der Basis der bekannten Tatsachen besteht kein vernünftiger Grund, daß es sich nicht hätte ereignen können.« (STEGMÜLLER 1969, 376)

DRAYs Begriff der Wie-es-möglich-war, daß-Erklärung hat *pragmatischen* Charakter. Er setzt gewisse Überzeugungen voraus, die sich durch die Erklärung als unbegründet erweisen. Der Widerspruch

zwischen diesen Vorannahmen und dem eingetretenen Ereignis wird so aufgelöst. Unser Begriff der Wie-es-möglich-war, daß-Erklärung hat wie der Begriff der Warum-Erklärung *logisch-systematischen* Charakter und schließt sich in seiner Struktur und den Adäquatheitsbedingungen eng an das H–O-Modell an.
Damit wollen wir die Ausführungen zum Begriff der wissenschaftlichen Erklärung vorerst beenden. Eines der drei Ziele psychologischer Forschung (Erklärung, Prognose, Kontrolle) ist so hinreichend behandelt und präzisiert worden.

Der Begriff der Prognose

Neben der Erklärung ist ein weiteres Ziel der Psychologie die Vorhersage (Prognose) der Ereignisse ihres Gegenstandsbereichs. Der Begriff der *Prognose* erfordert zu seiner Klärung weniger umfangreiche Ausführungen als der Erklärungsbegriff. In der Wissenschaftstheorie wird die strukturelle Äquivalenz von Erklärung und Prognose in der *strukturellen Gleichheitsthese* formuliert (STEGMÜLLER 1966, 1969; kritisch d. SCHEFFLER 1963).
Prognose und Erklärung unterscheiden sich nicht in der logischen Struktur oder den Adäquatheitsbedingungen – bis auf eine Einschränkung von B_2 –, sie nehmen nur auf unterschiedliche *pragmatische Umstände* Bezug. Im Falle einer Erklärung ist das Explanandum gegeben und das Explanans wird nachträglich bereitgestellt; bei einer Prognose geht man vom Explanans aus und gewinnt nachträglich das Explanandum, das dann das vorhergesagte Ereignis beschreibt. Davon abgesehen ist jede adäquate Vorhersage eine potentielle Erklärung und jede korrekte Erklärung eine potentielle Vorhersage.
Daß die unterschiedlichen pragmatischen Bezüge, in die Erklärung und Prognose eingebettet sind, zu ganz spezifischen Problemen bei der Suche nach Erklärungen bzw. Vorhersagen führen, wird bei der Analyse der Verhaltenstheorie deutlich. Korrekte Prognosen sind z. B. innerhalb mancher theoretischer Systeme eher möglich als korrekte Erklärungen. Doch dazu später mehr. Eine weitergehende Klärung des Prognosebegriffs kann unterbleiben; Spezialprobleme (s. d. HEMPEL 1962, 1965; STEGMÜLLER 1969) werden in dieser Arbeit keine Rolle spielen.

Der Begriff der Kontrolle

Kontrolle als drittes Ziel psychologischer Forschung bezieht sich auf die Eigenart der Gesetzesannahmen und Theorien, die zur Erklärung und Vorhersage psychologischer Ereignisse eingeführt werden. Kontrolle ist dann gegeben, wenn diese Ereignisse in den Gesetzesaussagen mit Bedingungen in Verbindung gebracht werden, die realisiert bzw. hergestellt werden können, so daß die entsprechenden Ereignisse (willkürlich) induzierbar sind bzw. ihr Eintreten verhindert werden kann. Eine derartige *Kontrolle* über den Eintritt bzw. Nichteintritt von Ereignissen ist Voraussetzung für eine systematische (technologische) Planung und gibt Gesetzesannahmen technische Relevanz.

Kontrolle richtet sich ebenso auf den *Prozeßaspekt wissenschaftlichen Handelns*. »Wissenschaftliche Forschung ist die systematische, kontrollierte, empirische und kritische Untersuchung hypothetischer Aussagen über vermutete Beziehungen zwischen Naturereignissen.« (KERLINGER 1964, 13) Als Merkmal des Forschungsprozesses ist Kontrolle nicht so sehr eigenständiges Ziel als vielmehr Voraussetzung für die Verwirklichung der übrigen Ziele (Erklärung und Prognose).

Die Unentbehrlichkeit von Kontrolle für korrekte Erklärungen und Vorhersagen ergibt sich aus der vierten Adäquatheitsbedingung. Das wird im Zusammenhang mit der Verhaltenstheorie besonders deutlich. Kontrolle kann geradezu als notwendige Voraussetzung systemtranszendenter Verbindlichkeit verhaltenstheoretischer Gesetzesannahmen bezeichnet werden. Auch für andere psychologische Theorien gilt, daß nur die experimentelle (herstellende) Methode durch Kontrolle der relevanten Bedingungen des zu untersuchenden Ereignisses eine strenge Prüfung von nomologischen Prinzipien und Wahrscheinlichkeitshypothesen garantiert, die Aussagen über Bedingungszusammenhänge machen. (Das ist ein Grund dafür, daß die analytische Psychotherapie als Validierungsmedium für die psychoanalytische Theorie völlig ungeeignet ist, so daß Therapieerfolge nicht unmittelbar positive Evidenzen für die Theorie liefern.)

»Kontrolle« meint hier »Kontrolle bei der Überprüfung von Gesetzesannahmen, die in explanativen und prognostischen Argumenten im Explanans begegnen können«. Kontrolle bezieht sich aber auch auf den Erklärungsversuch selbst. In den meisten Fällen, in denen es um die Suche nach den Ursachen eines Ereignisses geht, ist die Kontrolle der Antezedensbedingungen Voraussetzung für die Angabe einer korrekten Erklärung. Wenn das im Explanandum beschriebene Ereignis bereits eingetreten ist, ohne daß vorher die als Antezedensbedingungen in Frage kommenden Parameter unter Kontrolle gehalten wurden, ist eine eindeutige ex post facto Erklärung selten möglich. Meist wird ein Erklärungsversuch über eine Wie-es-möglich-war, daß-Erklärung nicht hinauskommen.

Auch für Prognosen gilt, wenn es sich um die Vorhersage von Verhalten bei offenen Systemen handelt, zu denen auch der Mensch zu rechnen ist, daß eine Kontrolle sämtlicher Ereignisse, die zwischen dem Zeitpunkt, auf den sich die Prognose stützt, und dem Zeitpunkt, auf den sich die Vorhersage bezieht, stattfinden, Voraussetzung für die Korrektheit der Prognose sind. D. h. nicht, daß unter diesen Umständen das prognostizierte Ereignis notwendig eintreten muß, sondern lediglich, daß die Antezedensbedingungen im Explanans der Prognose alle relevanten Bedingungen einschließen, so daß eine absolute Prognose gegeben werden kann. Andernfalls ist nur eine bedingte Vorhersage der Form »Wenn die und die Bedingungen in der Zwischenzeit wirksam werden, tritt das und das Ereignis ein« möglich.

Um Einwänden zuvorzukommen, »*relevante Bedingungen*« meint hier und an anderer Stelle »Bedingungen, von denen man weiß, daß sie einen Einfluß auf das betreffende Ereignis haben, möglichst auch noch genau, welchen«; keinesfalls sind mit »relevanten Bedingungen« auch die *störenden Bedingungen* (HOLZKAMP 1964, 1968, 1972) gemeint, die man noch gar nicht identifiziert hat und deren Wirksamkeit nur aus der Diskrepanz zwischen vorhergesagtem und tatsächlich eingetretenem Ereignis erschlossen wird.

Damit kommen unsere Ausführungen zum Ziel der Psychologie vorläufig zu einem Abschluß. Wir haben die Begriffe der korrekten wissenschaftlichen Erklärung und Prognose als Eplikation der Zielzustände psychologischer Forschung eingeführt und den Begriff der Kontrolle als für eine Verwirklichung dieser Ziele notwendigen Aspekt des Forschungsprozesses hervorgehoben. In diesem Zusammenhang haben wir eine ganze Reihe von Behauptungen aufgestellt, die erst später belegt und begründet werden.

Gegenstand der Psychologie

Die Definition des Ziels einer Wissenschaft nimmt im Definiens auf den Begriff des Gegenstandes einer Wissenschaft Bezug. Ziel der Psychologie ist die Erklärung, Prognose und Kontrolle der Ereignisse ihres Gegenstandsbereichs. Welche Ereignisse gehören nun zum Gegenstandsbereich der Psychologie? Auf diese Frage läßt sich kaum eine Antwort geben, da Verhaltensereignisse nicht ein für allemal gegeben und so erschöpfend beschreibbar sind. Gerade im wissenschaftlichen Forschungsprozeß werden ständig neue Verhaltensweisen induziert und zur Kenntnis gebracht. Die Frage wäre nur beantwortbar, wenn bereits abgeschlossene Gegenstandserkenntnis vorläge. Das ist in einer Wissenschaft zu keinem Zeitpunkt der Fall, ständig stellen sich neue Probleme, die nicht einmal erahnbar waren. Die moderne Physik ist dafür das beste Beispiel. Wir wollen deshalb anders fragen: Was ist Psychologie?

Auf derartige Fragen antwortet man gewöhnlich mit einer *Realdefinition* (HEMPEL 1952), die etwas über das »Wesen« von Psychologie aussagt, über das, was Psychologie »wirklich« ist. So findet man in den meisten psychologischen Werken mit allgemeiner Thematik schon auf den ersten Seiten die Formulierung: *Psychologie ist die Wissenschaft vom Verhalten*. Manche ergänzen: *Psychologie ist die Wissenschaft vom Verhalten und Erleben (der Menschen)*. Damit ist nicht notwendig gesagt, daß unterschiedliche Definitionen ein unterschiedliches Psychologieverständnis implizieren. Das wäre nur der Fall, wenn man voraussetzen dürfte, daß »Verhalten« in der einen Definition dasselbe meint wie »Verhalten« in der anderen und »Erleben« nicht unter den Verhaltensbegriff der ersten Definition fällt. Darüber sagen die Definitionen allein nichts aus.

Bei *Realdefinitionen* kann es sich um einen *Definitions-* oder *Explikationsvorschlag* oder um eine *empirische Analyse* handeln. In unserem Fall scheidet die empirische Analyse wohl aus, da der Satz »Psychologie ist die Wissenschaft vom Verhalten« keinen Erkenntnisanspruch stellt, es sei denn, er ist als Beschreibung dessen gedacht, womit sich bestimmte Psychologen in ihrer Rolle als Wissenschaftler befassen, so daß man ihn zu lesen hätte »Bestimmte Wissenschaftler, die sich Psychologen nennen, sind Wissenschaftler, die sich mit dem Verhalten befassen«. »Psychologie« wäre dann unabhängig vom Verhaltensbegriff einzuführen.

Da für Definitionen *und* Explikationen die *Exaktheit* des Definiens bzw. Explikans Bedingung ist (HEMPEL 1952, CARNAP 1962), behandeln wir den Satz im folgenden als Definitionsvorschlag. Bei einer Deutung als Explikationsversuch gelten dieselben Schlußfolgerungen.

Als Definition erreicht der Satz »Psychologie ist die Wissenschaft vom Verhalten« nicht sein Ziel, das Definiendum (Psychologie) in seiner Bedeutung zu klären. Eine Unbekannte wird durch zwei andere ersetzt, die selbst einer Klärung bedürfen, ohne die ein Anschluß an bereits Bekanntes nicht gelingen kann. Trotzdem wird der Definitionsvorschlag selten problematisiert und gewöhnlich an den Anfang, statt, wie in einem solchen Fall zu erwarten, an das Ende einer psychologischen Abhandlung gestellt. Dafür kann es die unterschiedlichsten Gründe geben.

Diese Definition könnte z. B. so ausgelegt werden, daß sie alles, was gemeinhin als Verhalten verstanden wird, umgreift. Dann gehörten alle Verhaltensereignisse in der natürlichen Umwelt, das gesamte Alltagsverhalten, zum Gegenstandsbereich der Psychologie. Diese Interpretation setzt voraus, daß die Begriffe im Definiens in ihrer *umgangssprachlichen* Bedeutung zu nehmen sind. Es würde sich dann in der Tat kaum noch um eine Definition handeln, da das Definiendum selbst schon in der Umgangssprache eine, wenn auch vage (aber das ist ja für Begriffe der Umgangssprache typisch) Bedeutung hat. Man hätte lediglich einen bereits geläufigen Begriff mit zwei anderen ebenfalls bekannten Termen in Beziehung gesetzt.

Nun ist es aber fraglich, ob diese Interpretation beabsichtigt ist. Einmal ist das Definiens nicht exakt. Zum anderen wird man kaum bereit sein, sich von der öffentlichen Meinung vorschreiben zu lassen, was Verhalten und was Wissenschaft ist und damit, was Psychologen zu untersuchen haben und wie sie dabei vorgehen müssen. Außerdem widerspricht diese Deutung der Tatsache, daß im Anschluß an derartige Definitionen meist etwas völlig Verschiedenes untersucht wird, das oft kaum noch mit dem alltäglichen Gegenstandsvorverständnis in Verbindung zu bringen ist. Was der eine noch als Verhalten gelten läßt, ist für den anderen schon Fiktion. Die Theorie des einen ist die Weltanschauung des anderen.

Es könnte sich deshalb um eine Definition innerhalb der (einer) *Wissenschaftssprache* der Psychologie handeln. In diesem Fall nähmen die Begriffe »Wissenschaft« und »Verhalten« u. U. ganz andere Bedeutungen an, als sie das Begriffsvorverständnis des Alltags nahe legt. »Wissenschaft« als metatheoretisches Konstruktum wird innerhalb der Wissenschaftstheorie, »Verhalten« als objektsprachlicher Klassenterm innerhalb der Verhaltenstheorie expliziert. *Unterschiedliche Wissenschaftstheorien führen zu unterschiedlichen Wissenschaftsbegriffen, unterschiedliche Verhaltenstheorien zu unterschiedlichen Verhaltensbegriffen und damit zu unterschiedlichen Psychologiekonzepten.*

Die Definition sollte deshalb nicht am Anfang einer psychologischen Abhandlung stehen, wo die Begriffe im Definiens noch gar nicht eingeführt sind, sondern an ihrem Ende. Erst im Verlauf einer Arbeit wird deutlich, was der jeweilige Psychologe unter Wissenschaft und Verhalten verstanden wissen will. Innerhalb der Wissenschaftssprache (in der Psychologie müßte man – bedauerlicherweise fehlt eine von allen Psychologen geteilte Wissenschaftssprache – genauer sagen: einer Wissenschaftssprache) können konstruktiv, ohne Rücksicht auf die Bedeutung in der Alltagssprache, Begriffe neu bestimmt oder erstmals eingeführt werden. Es ist deshalb nicht damit zu rechnen, daß sich ein einheitlicher Verhaltensbegriff verbindlich machen läßt, nicht einmal ein einheitlicher Wissenschaftsbegriff. Die Tatsache, daß zur Kennzeichnung des Gegenstandes der Psychologie ein und derselbe Satz üblich ist (»Psychologie ist die Wissenschaft vom Verhalten«), hat keinerlei Bedeutung und drückt nur eine Identität der Worte (Wortmarken) aus.[9]

Verhaltensbegriffe

SKINNER (1953) und RAPAPORT (1959) z.B. akzeptieren beide den Satz »Psychologie ist die Wissenschaft vom Verhalten«, legen ihn aber ganz unterschiedlich aus. Für SKINNER ist »Verhalten« ein primitiver Term, ein undefinierter Grundbegriff, der durch seine Verhaltenstheorie implizit definiert bzw. charakterisiert wird. Gegenstand seiner Theorie ist nicht Verhalten als Abstraktum, sondern konkrete Verhaltensweisen und deren Merkmale (Reaktionsraten). Ziel seiner Theorie ist die Erklärung und Vorhersage bestimmter Aspekte konkreter Verhaltensweisen. Dieses Ziel ist auch ohne Analyse des abstrakten Verhaltensbegriffs erreichbar.
RAPAPORT setzt sich dagegen ausführlich mit diesem Begriff auseinander und legt eine eingehende Begriffsbestimmung vor. Er versteht Verhalten in weitestem Sinne. Es soll Gefühl und Denken, sichtbare Verhaltensweisen, normales und pathologisches Verhalten, häufige und einmalige Verhaltensformen umfassen. Das kann natürlich nicht als Definition im strengen Sinne gewertet werden, da schon die Grundbedingung für korrekte Definitionen (übrigens auch Explikationen) verletzt wird: das Definiendum darf nicht im Definiens vorkommen. Dazu kommt, daß das Definiens völlig heterogen zusammengesetzt ist: neben einer Aufzählung von Phänomenklassen wird auf bestimmte Aspekte von Verhaltensweisen aufmerksam gemacht. Eine weitere Präzisierung wird in einer Reihe von Gesichtspunkten vorgenommen (RAPAPORT 1959):

»Gestalt Gesichtspunkt
: Jedes Verhalten ist integral und unteilbar: die zu seiner Erklärung dienenden Begriffe beziehen sich auf seine verschiedenen Komponenten und nicht auf verschiedene Verhaltensweisen. (44)

Organismischer Gesichtspunkt
: Kein Verhalten steht isoliert: Alles Verhalten ist das der integralen und unteilbaren Persönlichkeit. (46)

Genetischer Gesichtspunkt
: Alles Verhalten ist Teil einer genetischen Reihe und, durch seine Vorläufer, Teil der zeitlichen Aufeinanderfolgen, die die gegenwärtige Form der Persönlichkeit hervorgebracht haben. (47)

Topographischer Gesichtspunkt
: Die entscheidenden Determinanten des Verhaltens sind unbewußt (50).

Dynamischer Gesichtspunkt
: Alles Verhalten ist letzten Endes triebbestimmt. (51)

Ökonomischer Gesichtspunkt
: Alles Verhalten führt seelische Energie ab und wird durch seelische Energie reguliert. (54)

Struktureller Gesichtspunkt
: Alles Verhalten hat strukturelle Determinanten. (56)

Adaptiver Gesichtspunkt
: Alles Verhalten wird durch die Realität bestimmt. (61)

Psychosozialer Gesichtspunkt
: Alles Verhalten ist sozial determiniert. (66)«

Diese Gesichtspunkte gehen weit über eine Definition oder Explikation des Verhaltensbegriffs hinaus. Sie enthalten bereits Anweisungen für die Konstruktion von Verhaltenstheorien und können als metatheoretische Prinzipien begriffen werden, die u.a. a priori eine Einteilung potentieller Verhaltensdeterminanten in Teilklassen vornehmen. Aus den Gesichtspunkten könnte man folgende Rahmendefinition (-explikation) ableiten:

> Verhalten ist eine Funktion von Trieb, Struktur, Realität und Sozialität.

Wir können von einer Rahmendefinition (-explikation) sprechen, da die Begriffe im Definiens (Explikans) selbst einer Klärung bedürfen und die Art der Funktion nicht deutlich wird. Es handelt sich mehr um ein Schema, das den Bereich abgrenzt, in dem Determinanten des Verhaltens zu suchen sind.

Der unbestimmte Charakter der Rahmendefinition führt dazu, daß die Gesichtspunkte, in denen RAPAPORT die Grundsätze der Struktur der *psychoanalytischen Theorie* konkretisieren will, auch z.B. von SKINNER akzeptiert werden können. Verzichtet man auf den ökonomischen Gesichtspunkt – in SKINNERS Verhaltenstheorie läßt sich kaum ein Äquivalent für »seelische Energie« finden –, so stellen sich mit den übrigen Gesichtspunkten keine Probleme. »Triebbestimmt« läßt sich mit »motiviert« übersetzen. Das Äquivalent für Motivation sind die Verstärkungspläne.[10] »Alles Verhalten ist letzten Endes triebbestimmt« ist dann als »Alles Verhalten untersteht einem Verstärkungsplan« zu lesen. Die Bedeutsamkeit der Umwelt, besonders ihrer sozialen Komponenten ist für SKINNER selbstverständlich. Daß Verhalten nur als Teil einer genetischen Reihe zu verstehen ist und daß seine Determinanten zumeist unbewußt sind, wird innerhalb einer behavioristischen Konzeption zur Trivialität. Die Aussage des Gestalt-Gesichtspunktes, daß nicht Begriffe, die sich auf Verhalten beziehen, sondern nur auf dessen Aspekte oder Komponenten in Erklärungen eingehen, deckt sich mit der in der allgemeinen Wissenschaftstheorie (STEGMÜLLER 1969, 1970) hervorgehobenen Tatsache, daß sich Wissenschaft nie mit ihrem Gegenstand als Ganzem befaßt, sondern immer nur mit bestimmten seiner Attribute. SKINNER z.B. beschäftigt sich ausschließlich mit einem einzigen Verhaltensparameter, der Reaktionsrate (Auftrittswahrscheinlichkeit einer Reaktion).

Die Rahmendefinition (-explikation) kann so weiter präzisiert werden, indem die Begriffe im Definiens je nach den Theorien, in denen sie begegnen, indiziert werden:

Verhalten ist eine Funktion$_r$ von Trieb$_r$, Struktur$_r$, Realität$_r$ und Sozialität$_r$

und

Verhalten ist eine Funktion$_s$ von Trieb$_s$, Struktur$_s$, Realität$_s$ und Sozialität$_s$.

Unter diesen Umständen muß man auch den Verhaltensbegriff im Definiendum indizieren (Verhalten$_r$, Verhalten$_s$). Wir sind damit auf unsere ursprüngliche Aussage rückverwiesen, daß eine Verhaltensdefinition, wenn man sie überhaupt für sinnvoll hält, am Ende einer psychologischen Abhandlung stehen sollte und daß der Begriff des Verhaltens durch eine bestimmte Verhaltenstheorie in je besonderer Weise implizit charakterisiert wird: *Verschiedene Verhaltenstheorien, verschiedene Verhaltensbegriffe.*

Diese Argumentation mutet zirkulär an. Wie kommt man zu der

Kennzeichnung einer Theorie als Verhaltenstheorie, wenn man erst am Ende weiß, wie der Verhaltensbegriff zu deuten ist? Bei der Namensgebung von Theorien, die immer konventionalistische Züge trägt, kann das Gegenstandsvorverständnis, das sich an der umgangssprachlichen Bedeutung des Verhaltensbegriffes, die uns allen geläufig ist, orientiert, eine gewisse Rolle spielen. Dieser Sachverhalt betrifft aber nur den *Entstehungszusammenhang* (REICHENBACH 1938) einer Theorienbenennung, also *Wissenschaft als Prozeß* (RUDNER 1966). Die Frage nach der Bedeutung des wissenschaftlichen Verhaltensbegriffs und seiner Stellung innerhalb einer Verhaltenstheorie zielt auf den *Begründungszusammenhang* (REICHENBACH 1938), auf *Wissenschaft als Resultat* (RUDNER 1966), auf *Wissenschaft als sprachliches Aussagesystem*. Warum ein Theoretiker das, was seine Theorie implizit charakterisiert, gerade Verhalten und nicht anders nennt, ist ein psychologisches Problem und in erster Linie für den Wissenschaftshistoriker interessant.

Unsere Ausführungen haben – hoffentlich – deutlich werden lassen, daß an dieser Stelle noch keine Antwort auf die Frage nach dem Gegenstand der Psychologie möglich ist. Erst im Anschluß an die Analyse der allgemeinen Verhaltenstheorie kann diese Frage noch einmal aufgegriffen und mit einiger Verbindlichkeit beantwortet werden. Auch dann kann, wie wir sehen werden, eine klare Stellungnahme nur unter bestimmten Voraussetzungen erfolgen.

Zusammenfassung

Ziel der Psychologie ist die Erklärung, Prognose und Kontrolle der Ereignisse ihres Gegenstandsbereichs.

Wissenschaftliche Erklärungen geben Antwort auf Warum-Fragen, die wie folgt interpretiert werden: Auf Grund von welchen Antezedensbedingungen und gemäß welchen Gesetzen ist es der Fall, daß das zu erklärende Ereignis eingetreten ist. Je nach der Art der für eine Erklärung herangezogenen Gesetze unterscheidet man dekutiv-nomologische von induktiv-statistischen Erklärungen (Systematisierungen). Für beide Erklärungsbegriffe haben wir ein strukturelles Modell und entsprechende Adäquatheitsbedingungen, die eine Beurteilung der Güte und Korrektheit vorgeschlagener Erklärungen erlauben, angegeben. Diese Adäquatheitsbedingungen kennzeichnen gleichzeitig Zielzustände psychologischer Forschung.

Von der Warum-Erklärung haben wir die Wie-es-möglich-war, daß-Erklärung unterschieden, die sich aus einer Liberalisierung des strengen Erklärungsmodells ergibt und vor allem für Erklärungen von Verhaltensereignissen in natürlicher, nicht kontrollierter Umgebung Bedeutung gewinnt.

Der Begriff der Prognose wurde auf der Grundlage des Erklärungsbegriffs eingeführt, mit dem er in einer in der strukturellen Gleichheitsthese ausgedrückten Äquivalenzbeziehung steht. Beide Terme unterscheiden sich allerdings wesentlich in den pragmatischen Umständen: Der Ausgangspunkt einer Erklärung ist das Ziel einer Prognose und umgekehrt.

Kontrolle ist einmal Forschungsziel sui generis, zum anderen Voraussetzung für die Verwirklichung der primären Ziele. Als Aspekt des Forschungsprozesses bezieht sie sich sowohl auf den Vorgang der Überprüfung der in Erklärungsargumenten auftretenden Gesetzesannahmen, als auch auf die Suche nach einem Explanans selbst.

Die Frage nach dem Gegenstand der Psychologie konnte noch nicht beantwortet werden. Es wurde gezeigt, daß üblichen Definitionsbzw. Explikationsvorschlägen (»Psychologie ist die Wissenschaft vom Verhalten«) nur im Kontext einer bestimmten Theorie eine klare Bedeutung zukommt. Am Anfang einer psychologischen Abhandlung sind sie als wissenschaftssprachliche Aussagen ohne Sinn. Unterschiedliche Verhaltenstheorien charakterisieren unterschiedliche Verhaltensbegriffe, unterschiedliche Wissenschaftstheorien unterschiedliche Wissenschaftsbegriffe und damit auch unterschiedliche Psychologiekonzepte.

Logik einer allgemeinen Verhaltenstheorie

Ziele der Analyse der Verhaltenstheorie

Die formal-logische und wissenschaftstheoretische Analyse wesentlicher Grundbegriffe der Verhaltenstheorie hat folgende Funktionen:
1. Sie soll einmal die logische Struktur verhaltenstheoretischer Gesetzesaussagen präzisieren und dabei auf Leerstellen aufmerksam machen, die durch empirische Forschung geschlossen werden müssen.
2. Sie soll weiterhin die der Verhaltenstheorie zugrunde liegenden Erklärungsmodelle und -schemata aufweisen, um so eine Abschätzung ihres Beitrages zur Verwirklichung der Ziele psychologischer Forschung zu gestatten.
3. Sie soll deutlich werden lassen, welche Voraussetzungen für die Erfüllung der Adäquatheitsbedingungen korrekter Erklärungen und Prognosen gegeben sein müssen.
4. Sie soll Hinweise für eine verbindlichere Beantwortung der Frage nach dem Gegenstand und der Methode der Psychologie liefern.
5. Sie soll aufzeigen, unter welchen Bedingungen und mit welcher Verbindlichkeit die Verhaltenstheorie zur Erklärung und Prognose von Verhaltensereignissen in der natürlichen Umwelt des Menschen herangezogen werden kann.
6. Sie soll insgesamt eine Erweiterung und eingehendere Begründung der Thesen erlauben, die im ersten Teil dieser Arbeit noch nicht angemessen belegt werden konnten.

Als Methodenstudie zeigt sie zugleich die Bedeutung und die möglichen Funktionen wissenschaftstheoretischer Analysen psychologischer Probleme.

Respondente Konditionierung

Das respondente (SKINNER 1938, 1953) Konditionieren geht auf ein schon klassisches Experiment der Psychologie zurück. Der russische Physiologe PAVLOV (1928) beobachtete, daß ein Hund beim Anblick von Futter Speichel absonderte. Es handelt sich dabei um eine angeborene, nicht gelernte und deshalb als *unkonditioniert* bezeichnete *Reaktion* (Speichelsekretion) auf einen sogenannten *unkonditionierten Reiz* (Futter). PAVLOV beobachtete weiter, daß z.B. ein Glockenton zunächst keine Speichelabsonderung hervorruft. Ein Glockenton ist deshalb für den Hund in bezug auf die untersuchte unkonditionierte Reaktion ein neutraler Reiz. Es zeigt sich jedoch, daß der ursprünglich *neutrale Reiz* nach entsprechend oftmaliger Paarung mit dem unkonditionierten Reiz (der Glockenton wurde mehrmals kurz vor dem Futter geboten) in der Lage war, die Sekretion von Speichel zu veranlassen, auch ohne daß Futter geboten wurde. Der neutrale Reiz wurde so zu einem *konditionierten Reiz*. Die darauf folgende Reaktion wird als *konditionierte Reaktion* bezeichnet. Sie ist der ursprünglichen unkonditionierten Reaktion auf den unkonditionierten Reiz weitgehend ähnlich.

Diese Zusammenhänge sind als *Paradigma des klassischen Konditionierens* – SKINNER spricht von *respondentem Konditionieren* – bekannt geworden. Wir wollen hier eine einfache Formalisierung versuchen und nur die für unsere Thematik interessanten Parameter einbeziehen.

Definitionen

Man könnte zunächst folgende Vereinbarungen treffen:
(1) r ist eine *unkonditionierte Reaktion* auf einen (unkonditionierten) Reiz s genau dann, wenn die Auftrittswahrscheinlichkeit von r, wenn s gegeben ist, gleich eins ist, d.h. wenn r immer auftritt, wenn s vorliegt.
(2) s ist ein *unkonditionierter Reiz* für die (unkonditionierte) Reaktion r genau dann, wenn die Auftrittswahrscheinlichkeit von r, wenn s gegeben ist, gleich eins ist.
(3) s ist ein *neutraler Reiz* für die Reaktion r genau dann, wenn die Auftrittswahrscheinlichkeit von r, wenn s gegeben ist, gleich null ist.
(4) s ist ein *konditionierter Reiz* für die (konditionierte) Reaktion r

genau dann, wenn die Auftrittswahrscheinlichkeit von r, wenn s gegeben ist, größer als null und s kein unkonditionierter Reiz für r ist.

(5) r ist eine *konditionierte Reaktion* auf den (konditionierten) Reiz s genau dann, wenn die Auftrittswahrscheinlichkeit von r, wenn s gegeben ist, größer als null und r keine unkonditionierte Reaktion auf s ist.

Eine Symbolisierung auf Grund folgender Zeichenvereinbarungen:

USsr : s ist unkonditionierter Reiz für r
URsr : r ist unkonditionierte Reaktion auf s
NSsr : s ist neutraler Reiz für r
CSsr : s ist konditionierter Reiz für r
CRsr : r ist konditionierte Reaktion auf s
$p(r/s)$: Auftrittswahrscheinlichkeit von r, wenn s gegeben ist

führt zu den *Definitionen*:

(1) URsr : $\leftrightarrow p(r/s) = 1$
(2) USsr : $\leftrightarrow p(r/s) = 1$
(3) NSsr : $\leftrightarrow p(r/s) = 0$
(4) CSsr : $\leftrightarrow p(r/s) > 0$ & $\neg$ USsr
(5) CRsr : $\leftrightarrow p(r/s) > 0$ & $\neg$ URsr .

Aus (1) und (2) folgt unmittelbar

(6) URsr $\leftrightarrow$ USsr ,

d.h.: r ist eine unkonditionierte Reaktion auf s genau dann, wenn s ein unkonditionierter Reiz für r ist.

Aus (4) und (5) ergibt sich

(7) CSsr $\leftrightarrow$ CRsr ,

d.h.: s ist ein konditionierter Reiz für die Reaktion r genau dann, wenn r eine konditionierte Reaktion auf den Reiz s ist.

Man kommt auf Grund dieser Beziehungen mit einem einzigen Grundbegriff aus, mit dessen Hilfe alle übrigen definiert werden können. Geht man vom Begriff der bedingten Auftrittswahrscheinlichkeit als Grundbegriff aus, läßt sich folgende *Definitionskette* bilden:

(DK) (s)(r) (USsr : $\leftrightarrow p(r/s) = 1$)
(s)(r) (NSsr : $\leftrightarrow p(r/s) = 0$)
(s)(r) (URsr : $\leftrightarrow$ USsr)
(s)(r) (CSsr : $\leftrightarrow \neg$ USsr & $\neg$ NSsr)
(s)(r) (CRsr : $\leftrightarrow$ CSsr) .

Diese Symbolisierung vernachlässigt jedoch die Tatsache, daß die eingeführten Reiz- und Reaktionseigenschaften nicht alle zeitinvariant sind. Die Eigenschaft, unkonditionierter Reiz bzw. unkonditionierte Reaktion zu sein, kann als zeitunabhängig betrachtet werden. Die übrigen Eigenschaften dagegen müssen explizit auf bestimmte Zeitpunkte bezogen werden. Ein ursprünglich neutraler Reiz kann durch klassisches Konditionieren diese Eigenschaft verlieren und zu einem konditionierten Reiz für bestimmte Reaktionen werden. Wir müssen deshalb ergänzen:

NSsrt : s ist neutraler Reiz für r zum Zeitpunkt t
CSsrt : s ist konditionierter Reiz für r zum Zeitpunkt t
CRsrt : s ist konditionierte Reaktion auf s zum Zeitpunkt t
$p(r/s,t)$: die Auftrittswahrscheinlichkeit von r, wenn s gegeben ist, zum Zeitpunkt t

Die modifizierte *Definitionskette* lautet dann:

(DUS)   (s)(r)   (USsr :↔ (t)p(r/s,t) = 1)
(DNS)   (s)(r)(t)   (NSsrt :↔ pr(r/s,t) = 0)
(DUR)   (s)(r)   (URsr :↔ USsr)
(DKS)   (s)(r)(t)   (CSsrt :↔ ¬USsr & ¬NSsrt)
(DKR)   (s)(r)(t)   (CRsrt :↔ CSsrt)   .

Gesetzesannahmen

Das klassische (respondente) Konditionieren läßt sich dann in einer Gesetzesaussage fassen:

(GKK)   Ein neutraler Reiz, der hinreichend oft mit einem unkonditionierten Reiz zusammen auftritt, wird zu einem konditionierten Reiz.

Eine genauere Formulierung, die unmittelbar den Übergang zur formalen Sprache erlaubt, hat die Gestalt:

(GKK)   Für alle Reize s, alle Reize s', alle Reaktionen r und alle Zeitpunkte t gilt: Wenn es Zeitpunkte t', t_1, ..., t_n gibt derart, daß gilt: s ist ein unkonditionierter Reiz für die Reaktion r und s' ein neutraler Reiz für die Reaktion r zum Zeitpunkt t' (t' früher t_1 früher ... früher t_n früher t) und s' kommt zu den Zeitpunkten t_1, ..., t_n zusammen mit s vor, so ist s' ein bedingter Reiz für die Reaktion r zum Zeitpunkt t.

In symbolischer Sprache ergibt das:

(GKK)   (s)(s')(r)(t)((Et')(Et_1) ... (Et_n) (USsr & NSs'rt' & t' < t_1 < ... < t_n < t & Zss't_1 & ... & Zss't_n) → CSs'rt)   .

$p(r/s', t)$ kann Werte größer als null und kleiner als eins annehmen. Bei einer quantitativen Abstufung der Eigenschaft, konditionierter Reiz zu sein, würde die Wertzuweisung entsprechend der Auftrittswahrscheinlichkeit erfolgen. Diese hängt in erster Linie von der Anzahl der Paarungen von s und s' ab. Die Größe n in GKK ist, wenn eine derartige Quantifizierung unterbleibt, unbestimmt. Sie könnte als Konstante die für eine Änderung der Reizeigenschaft notwendige Minimalzahl geeigneter Paarungen ausdrücken oder eine für eine bestimmte Auftrittswahrscheinlichkeit der bedingten Reaktion notwendige Paarungshäufigkeit. Bei einer Quantifizierung würde man »CSs'rt« ersetzen durch »w(CSs'rt) = q« oder »p(r/s', t) = q«. Im Antezedens von GKK wäre »n = f(q)« zu ergänzen und insgesamt über alle Werte q zu generalisieren bzw. über n zu partikularisieren[11].

Explanative und prognostische Argumente

GKK ist ein striktes, ein deterministisches Gesetz. Welche Rolle spielt dieses nomologische Prinzip bei der Erklärung und Vorhersage von Verhaltensereignissen?
Für deterministische Gesetze gilt das H-O-Modell der wissenschaftlichen Erklärung. Als Explananda, die die zu erklärenden Ereignisse beschreiben, fungieren Aussagen der Form: der Reiz a ist für die Reaktion b ein konditionierter Reiz zum Zeitpunkt c. Ein Erklärungsargument (Vorhersageargument) für ein derartiges Explanandum hat folgende Gestalt:

(EA1) $\quad$ G $\;$: GKK
$\qquad\quad$ A_1 : USdb
$\qquad\quad$ A_2 : NSabc'
$\qquad\quad$ $\underline{A_3 : Zdac_1 \;\&\; \ldots \;\&\; Zdac_n \;\&\; c' < c_1 < \ldots < c_n < c}$
$\qquad\quad$ E $\;\,$: CSabc

Wir wollen zeigen, daß der Übergang vom Explanans zum Explanandum logisch-deduktiv ist: Aus GKK folgt, wenn man für die Reizvariable s die Reizkonstante d, für die Reizvariable s' die Reizkonstante a, für die Reaktionsvariable r die Reaktionskonstante b, für die Zeitvariable t die Zeitkonstante c und für die Zeitvariablen t', $t_1, \ldots, t_n$ die Zeitkonstanten $c', c_1, \ldots, c_n$ einsetzt:

(GKKe) $\quad$ USdb & NSabc' & $c' < c_1 \ldots < c_n < c$ & $Zdac_1$ & $\ldots$ & $Zdac_n \rightarrow$ CSabc.

Zusammen mit den Antezendensbedingungen A_1, A_2 und A_3 folgt nach der Abtrennungsregel (modus ponens) das Explanandum:

CSabc .

EA1 kann als Erklärungs- und Vorhersageargument – je nach den pragmatischen Umständen – gedeutet werden. Allerdings liegt die Interpretation als Vorhersageargument näher, da man von bestimmten Zeitpunkten c', c_1, ..., c_n ausgeht, während GKK nur die Existenz derartiger Zeitpunkte fordert. Für Erklärungszwecke ist deshalb ein schwächeres Explanans ausreichend:

(EA2)   G : GKK
          A : $(Es)(Et')(Et_1) ... (Et_n)$ (USsb & NSabt' &
              $t' < t_1 < ... < t_n < c$ & $Zsat_1$ & ... & $Zsat_n$)
           ─────────────────────────────
          E : CSabc   .

Wenn man allerdings überprüfen will, ob die vierte Adäquatheitsbedingung (die Sätze, aus denen das Explanans besteht, müssen gut bewährt sein) erfüllt ist, wird man nicht umhin können, die Zeitpunkte t', t_1, ..., t_n, deren Existenz im Explanans behauptet wird, und den unkonditionierten Reiz aufzuweisen. Damit würde aber EA2 in EA1 überführt.

GKK hat die logische Struktur einer *universellen Implikation* mit gemischtem *Präfix* (das ist die Sequenz der All- und Existenzquantoren), ist also keine Äquivalenz. Eine partielle Umkehrung von GKK kann so formuliert werden:

(GKK') $(s')(r)(t)$ (CSs'rt → $(Es)(Et')(Et_1) ... (Et_n)$ (USsr &
           NSs'rt' & $t' < t_1 < ... < t_n < t$ & $Zss't_1$ & ... & $Zss't_n$)) .

Damit kommt zum Ausdruck, daß es dann, wenn s' ein konditionierter Reiz für r zum Zeitpunkt t ist, wenigstens einen unkonditionierten Reiz s für r und Zeitpunkte t', t_1, ..., t_n gibt, so daß s' für r zum Zeitpunkt t' neutral ist und zu den Zeitpunkten t_1, ..., t_n zusammen mit s vorkommt, wobei t' früher t_1 früher ... früher t_n früher t.
Bei einer Quantifizierung der Eigenschaft, ein konditionierter Reiz zu sein, sind GKK und GKK' entsprechend zu ergänzen:

(GKKq) $(s)(s')(r)(t)(u)((En)(Et')(Et_1) ... (Et_n)$ (USsr & n = g(u)
            & NSs'rt' & $t' < t_1 < ... < t_n < t$ & $Zss't_1$ & ... & $Zss't_n$)
            → w(CSs'rt) = u)
(GKK'q) $(s')(r)(t)(u)(w(CSs'rt) = u → (Es)(En)(Et')$ (USsr &
            NSs'rt' & n = g(u) & $(Et_1) ... (Et_n)$ $(t' < t_1 < ... < t_n$
            $< t$ & $Zss't_1$ & ... & $Zss't_n$)))   .

Statt »w(CSs′rt) = u« wollen wir im weiteren Verlauf der Ausführungen den äquivalenten Ausdruck »p(r/s′, t) = u« verwenden.
In Vorhersageargumenten wird man sich nur auf GKKq beziehen. Bei Erklärungen bestimmter quantitativer Werte der Größe »p(r/s′,t)« dagegen läßt sich zunächst mit Hilfe von GKK′q die Anzahl notwendiger Paarungen von unkonditioniertem und ursprünglich neutralem Reiz bestimmen. Dieser Wert ergibt sich aus der Formel »n = g(u)« bei gegebenem u. Mit diesem so gefundenem n kann man jetzt auf GKKq zurückgehen, um das Verhaltensereignis korrekt zu erklären. Es ergibt sich so die folgende *Erklärungssequenz*:

(ES) G_1 : GKKq

$\dfrac{E \quad : p(b/a,c) = h}{A \quad : (Es)(En)(Et') \; (USsb \; \& \; NSabt' \; \& \; n = g(h) \; \&}$
$(Et_1) \ldots (Et_n)(t' < t_1 < \ldots < t_n < c \;\&$
$Zsat_1 \; \& \ldots \& \; Zsat_n))$

und weiter

G_2 : GKKq

A : s. o.

$\overline{E \quad : p(b/a,c) = h}$.

Typologie konditionierter Reize

GKK bzw. GKKq drücken als Implikationen aus, daß im Antezedens nur *hinreichende*, aber nicht *notwendige Bedingungen* aufgeführt sind. Alternativ sind andere hinreichende Bedingungen denkbar, die zum selben Sukzedens führen. Dementsprechend gelten die partiellen Umkehrungen GKK′ und GKKq nicht für alle konditionierten Reize und Reaktionen, sondern nur für eine bestimmte Klasse derartiger Stimuli und Verhaltensweisen.
Ein neutraler Reiz kann auch durch hinreichend oftmalige Paarung mit einem konditionierten Reiz zu einem bedingten Reiz werden. Die Wirkung dieser Paarung ist zwar geringer als die mit einem unkonditionierten Reiz, führt aber dennoch zur Ausbildung einer bedingten Reaktion (s.d. Foppa 1965).
Wir wollen einen konditionierten Reiz, der diese Eigenschaft durch (n-malige) Parung mit einem unkonditionierten Reiz gewonnen hat, einen *bedingten Reiz erster Stufe* nennen. Entsprechend wird ein bedingter Reiz, der seine Eigenschaft von einer Paarung mit einem be-

dingten Reiz i-ter Stufe herleitet, ein *bedingter Reiz i + 1-ter Stufe* genannt. Eine Definition kann wie folgt gegeben werden:

(DKSi) $(s')(r)(t)(i) (CS^i s' rt :\leftrightarrow (Es)(Et')(Et_1) \ldots (Et_n) (CS^{i-1} srt_1$ & $\ldots$ & $CS^{i-1} srt_n$ & $NSs' rt'$ & $s \neq s'$ & $t' < t_1 < \ldots < t_n < t$ & $Zss' t_1$ & $\ldots$ & $Zss' t_n))$.

Eine zusammenfassende Schreibweise der Definition des konditionierten Reizes i-ter Stufe ergibt:

(DKSi) $(s')(r)(t)(i) (CS^i s' rt :\leftrightarrow (Es)(Et)(Et_1) \ldots (Et_n)$
$(\bigwedge\limits_{j=1}^{n} (CS^{i-1} srt \ \& \ Zss' t) \ \& \ NSs' rt' \ \& \ s \neq s$
& $t' < t_1 < \ldots < t_n < < t))$.

Für konditionierte Reize i-ter Stufe dürfte gelten: Wenn s′ ein konditionierter Reiz i-ter Stufe für eine Reaktion r durch n-malige Paarung mit dem konditionierten Reiz i-1-ter Stufe, s, geworden ist, so erhält man

$$p(r/s, t) > p(r/s', t) = f(n) > 0 \ .$$

Mit DKSi ist nur der einfachste Fall berücksichtigt. Ein Reiz kann – außerhalb des Laboratoriums dürfte das die Regel sein – zu einem konditionierten Reiz werden, wenn er mit konditionierten Reizen unterschiedlicher Stufe und z. T. auch mit unkonditionierten Reizen gepaart auftritt. Die Definition würde dadurch viel komplexer. Man hätte eine »Typentheorie« für bedingte Reize zu konstruieren, nach der jedem konditionierten Reiz ein bestimmter Typ, eine bestimmte Stufe zugeordnet wird, je nach seiner respondenten Konditionierungsgeschichte.

Wir wollen vereinbaren, daß ein unbedingter Reiz ein konditionierter Reiz nullter Stufe genannt werden soll:

(DUS) $(s)(r)(USsr :\leftrightarrow (t) p(r/s, t) = 1)$
bzw.
   $(s)(r)(USsr :\leftrightarrow (t) CS^0 \ srt)$.

»(t)« ist nicht ganz korrekt, da z. B. die Refraktärphase nicht berücksichtigt wird.

Wenn ein ursprünglich neutraler Reiz s′ n-mal zusammen mit bedingten Reizen $s_1, \ldots, s_n$ (die nicht notwendig voneinander verschieden sein müssen) mit den Stufen $k_1, \ldots, k_n$ gepaart auftritt, so wird er konditionierter Reiz $(k_1, \ldots, k_n)$-ter Stufe genannt.

Während in den meisten Fällen die bedingte Auftrittswahrscheinlichkeit konditionierter Reize niederer Stufe größer sein dürfte als die konditionierter Reize höherer Stufe, läßt sich für bedingte Reize komplexeren Typs kein derart einfaches Bedingungsverhältnis angeben. Man müßte zunächst den bedingten Reizen einfacherer Stufe einen bestimmten Konditionierungswert zuschreiben und dann empirische Funktionen bestimmen, die den Konditionierungswert bedingter Reize komplexerer Stufen zu berechnen gestatten. Eine Arbeit, die kaum durchführbar erscheint, wenn man alle relevanten Parameter berücksichtigt.

Erklärungsprobleme

Bisher sind alle Bestimmungen unter Konstanthaltung der jeweiligen Reaktion vorgenommen worden. Die Einbeziehung von Reaktions- und eventuell auch Personparametern brächte zusätzliche Komplikationen mit sich. Unter Umständen müßte man für jede Reaktion die Konditionierungswerte und die Funktionen neu berechnen.
Wenn sich dennoch präzise funktionale Zusammenhänge ergeben sollten, so könnten sie lediglich zur Erklärung und Vorhersage bestimmter Reiz-Reaktions-Beziehungen im *Laboratorium* verwendet werden, in dem alle Reize in ihrer Einwirkung auf den Organismus experimenteller Kontrolle unterliegen. Schon PAVLOV (1928) hatte in seinem klassischen Experiment die Bewegungsfreiheit des Hundes durch geeignete Anordnungen drastisch eingeschränkt, so daß kaum mehr als die untersuchte Reaktion (Speichelabsonderung) generiert werden konnte. Ebenso wurde die Zahl der Umweltreize minimalisiert, um die experimentellen Stimuli möglichst isoliert zur Geltung zu bringen.
Dem Experimentator muß für eine korrekte Vorhersage oder Erklärung bekannt sein, wann welche Reize welcher Stufe mit dem untersuchten konditionierten Reiz gepaart auftreten.
Wenn eine Reiz-Reaktions-Beziehung außerhalb des Laboratoriums mit seiner programmierten Umgebung etwa im täglichen Leben, in der »natürlichen« Umwelt erklärt werden soll, ist eine Rückführung auf die Ursachen nicht mehr möglich. Nur unter Kenntnis der gesamten Reizvorgeschichte kann einem Stimulus ein bestimmter Typ zugeordnet werden. Die Wahrscheinlichkeit, mit der auf den Reiz die betreffende Reaktion folgt, gibt keinen eindeutigen Aufschluß über die genetische Bedingtheit dieser Beziehung.
Es sind bedingte Reize unterschiedlichster Stufe denkbar, die zu

einem bestimmten Zeitpunkt dieselbe Wirkung auf eine bestimmte Reaktion haben können. Ex post facto läßt sich die Genese kaum mehr rekonstruieren. Eine exakte Feststellung der Typen der bedingten Reize, mit denen der in Frage stehende konditionierte Reiz in der Vergangenheit gemeinsam aufgetreten ist, scheint aussichtslos. Diese Typen lassen sich nur äußerst schwer bestimmen und erfordern ihrerseits ein Eingehen auf bedingte Reize anderer Typen, mit denen sie selbst gepaart waren usf.

Man hätte so letztlich, um eine gegebene Reiz-Reaktionsbeziehung für einen einzigen Stimulus genetisch zu erklären (dieser Erklärungstyp ist für die Verhaltenstheorie charakteristisch – übrigens auch für viele andere psychologische Theorien), bis zum Beginn der gesamten Reizgenese eines Individuums zurückzugehen und da anzufangen, wo allererste Paarungen neutraler Reize mit unkonditionierten Reizen auftreten, wo also bedingte Reize noch gar nicht existieren.

Bedenkt man weiterhin, daß in diese Überlegungen Probleme der Generalisierung und der Verschränkung von respondentem und operantem Konditionieren noch einzubeziehen sind, wird die praktische Unmöglichkeit einer korrekten, logisch-systematischen (DN-) Erklärung von Alltagsverhalten vollends deutlich.

Der Verhaltenstheoretiker kann bestenfalls *Gründe* dafür angeben, wie es möglich war, daß es zu einer derartigen Reiz-Reaktions-Beziehung gekommen ist. Zu diesem Zweck verweist er auf die in programmierter Umgebung unter Kontrolle der relevanten Bedingungen geprüften und gut bewährten Gesetzesannahmen und gibt u. U. noch partielle Antezedensbedingungen oder alternative Klassen möglicher Antezendensbedingungen als Teil der Begründung an, ohne diese idiographischen Hypothesen mehr als plausibel machen zu können.

Derartige Begründungen haben folgende Struktur:

> Gesetzesannahmen
> Antezedensbedingungen
> ―――――――――――――――
> Explanandum

Die Adäquatheitsbedingungen dieser Systematisierungsform sind wesentlich weiter als die korrekter Warum-Erklärungen:

B_1. Das Argument, das vom Explanans zum Explanandum führt, muß korrekt sein.

B_2. Das Explanans muß mindestens ein allgemeines Gesetz enthalten.

B_3. Das Explanans muß empirischen Gehalt besitzen.

B₄. Die im Explanans enthaltenen Gesetzmäßigkeiten müssen gut bestätigt bzw. bewährt sein.

Die Antezedensbedingungen können aus einer Alternative möglicher Antezedentien bestehen. Sie müssen lediglich plausibel gemacht werden können und aus den Antezedentien der Gesetzesannahmen extrahierbar sein. Es muß sich weiterhin um solche Bedingungen handeln, die als Antezedensbedingungen im strengen Sinne in Experimenten nachgewiesen werden konnten. Diese Kennzeichnung der Antezedensbedingungen ist bereits in den angegebenen Adäquatheitsbedingungen implizit enthalten. Die Systematisierungsform ist mit der im ersten Teil dieser Art eingeführten *Wie-es-möglich-war, daß-Erklärung* identisch.

Exkurs: *Psychologie und Physik*

Aus diesen Erörterungen könnte man verallgemeinernd den Schluß ziehen, daß der »eigentliche« Gegenstand der Psychologie (das Verhalten von Personen in Alltagssituationen) nicht im strengen Sinne erklärbar und vorhersagbar ist oder daß zu diesem Zweck zumindest die Verhaltenstheorie – wir werden im weiteren Verlauf der Arbeit sehen, daß sich diese Probleme auch in anderen Bereichen der Verhaltenstheorie stellen – gänzlich ungeeignet ist.
Naturwissenschaftliche Methoden, die der Physik entlehnt sind, reichen, so könnte man meinen, einfach nicht aus. Diese Schlußfolgerung übersieht jedoch, daß die Physik denselben Schwierigkeiten ausgesetzt ist. Ihre Erfolge erringt auch die Physik nicht bei der Vorhersage und Erklärung von Alltagsereignissen, sondern im Experiment und in der Technik, die beide durch weitestgehende Kontrolle der Bedingungen für physikalische Ereignisse charakterisiert werden können.
Bei der Deutung von Alltagsereignissen stellen sich der Physik ähnliche Probleme wie der Psychologie. Ex post facto kann auch der Physiker nur noch selten eindeutig die Antezedensbedingungen bestimmen. Auch er gibt in erster Linie an, wie es möglich war, daß es zu dem Ergebnis gekommen ist. Bitten Sie einen Physiker, die atomaren Prozesse, die sich in dem Stuhl, auf dem Sie sitzen, abspielen, anzugeben oder, viel einfacher, korrekt zu erklären, warum ein Stein, den man von einer Staumauer ins Wasser fallen ließ, dazu eine ganz bestimmte Zeit benötigte. Der Physiker wird sich bei der Beantwortung der letzten Frage auf das Fallgesetz beziehen können. Eine kor-

rekte Erklärung liefert dieses nicht, da es nur für den freien Fall in einem vollständigen Vakuum gilt. Eine korrekte Erklärung der Fallzeit müßte berücksichtigen, daß es sich nicht um ein Vakuum handelt und daß sich durch den Wind bedingte Luftbewegungen, die man in der Alltagssituation nicht messen kann, störend auswirken.

»Nur in kleinen Schritten – wenn überhaupt – werden wir das komplexe menschliche Verhalten in den Griff bekommen. Immer wieder sind gewaltsame Simplifizierungen notwendig, die vom Kritiker dann ›lebensfremd‹ genannt werden. Man denke aber an die Experimente der klassischen Physik: Wo rollen – außer im Physikunterricht – schon einmal Stahlkugeln eine schiefe Ebene herunter? Wo fällt ein Gegenstand in einem luftleeren Raum zu Boden? Immer hat die Physik lebensfremd experimentiert, obgleich lebensnähere Experimente denkbar gewesen wären; man hätte ja Kisten oder Kürbisse eine schiefe Ebene herunterrollen lassen können. Die in ›lebensfremden‹ Experimenten gewonnenen Erkenntnisse bestimmen heute im großen Ausmaß unser Leben; unsere moderne Technik basiert auf ihnen.« (SELG & BAUER 1971, 29)

Im Falle der Psychologie wirkt erschwerend, daß die Anzahl der relevanten Bedingungen ungleich größer und selbst im Laboratorium eine vollständige Bedingungskontrolle nur selten zu erreichen ist. Außerdem kann zumindest heute eine *Verhaltenstechnologie* aus ethischen Gründen nur in bescheidenem Umfang realisiert werden. Es fehlen Gesetzmäßigkeiten, auf die sich plausible Begründungen für Alltagsverhalten beziehen können.

Es ist deshalb nicht zu umgehen, Verhaltensgesetze vom Tier auf den Menschen zu übertragen, ohne sie beim Menschen eigens rigoros zu prüfen.

Die Bestimmung der Konditionierungswerte und der entsprechenden Funktionen für bestimmte Reize läßt sich aber nur in Humanexperimenten vornehmen und nur in solchen, die einer Bedingungskontrolle unterliegen. Da derartige Versuche selten durchgeführt werden, bleiben die Gesetzmäßigkeiten der Verhaltenstheorie in diesem Bereich unbestimmt, mehrdeutig und damit unverbindlich.

Operante Konditionierung

Das Kernstück der allgemeinen Verhaltenstheorie bildet das *Paradigma des operanten Konditionierens* (COHEN 1969, HONIG 1966, SKINNER 1966). Eine erste Formulierung hat folgende Gestalt:

(1) Wenn auf eine Reaktion ein *positiver Verstärker* folgt, erhöht sich die Auftrittswahrscheinlichkeit dieser Reaktion.

(2) Wenn auf eine Reaktion die Entfernung eines *negativen Verstärkers* folgt, erhöht sich die Auftrittswahrscheinlichkeit dieser Reaktion.

Grundlegend ist in diesem Zusammenhang der Begriff des *Verstärkers*. Jeder Reiz, der, wenn er bzw. seine Entfernung auf eine Reaktion folgt, die Auftrittswahrscheinlichkeit dieser Reaktion verändert, ist ein Verstärker. Der Verstärkerbegriff läßt sich in einer bedingten Definition als Dispositionsbegriff (PAP 1955, 1958, 1962) einführen:

(3) Wenn ein Reiz einer Reaktion folgt, dann ist dieser Reiz ein *positiver Verstärker* genau dann, wenn sich die Auftrittswahrscheinlichkeit dieser Reaktion erhöht.

(4) Wenn auf eine Reaktion die Entfernung eines Reizes folgt, dann ist dieser Reiz ein *negativer Verstärker* genau dann, wenn die Auftrittswahrscheinlichkeit dieser Reaktion steigt.

Diese Zusammenhänge lassen sich leicht symbolisieren. Wir wollen zunächst folgende Zeichenvereinbarungen treffen:

$p(r, t) = w$: die Auftrittswahrscheinlichkeit der Reaktion r zur Zeit t ist w

$Fsrt$: der Reiz s folgt auf die Reaktion r zur Zeit t

$Esrt$: die Entfernung des Reizes s folgt auf die Reaktion r zur Zeit t

C^+srt : s ist ein positiver Verstärker für die Reaktion r zur Zeit t

C^-srt : der Reiz s ist ein negativer Verstärker für die Reaktion r zur Zeit t

$\vdash$: ableitbar

Die Relativierung der Reizeigenschaften auf bestimmte Reaktionen und Zeitpunkte trägt den Fällen Rechnung, in denen bestimmte Reize Verstärker für bestimmte Reaktionen und neutrale Reize für andere Reaktionen sind und in denen bestimmte Reize zu bestimmten Zeitpunkten unterschiedliche Eigenschaften haben (positiver Verstärker – neutraler Reiz – negativer Verstärker).

Die Gesetze und Definitionen lassen sich dann wie folgt formalisieren:

(GOK1) $(s)(r)(t)(w) (p(r,t) = w \ \& \ C^+srt \ \& \ Fsrt \rightarrow$ (1)
$p(r,t + e) > w)$

(GOK2) $(s)(r)(t)(w) (p(r,t) = w \ \& \ C^-srt \ \& \ Esrt \rightarrow$ (2)
$p(r,t + e) > w)$

(DPV)   (s)(r)(t)(w) (p(r,t) = w & Fsrt → (3)
        (C⁺srt: ↔ p(r,t + e) > w))
(DNV)   (s)(r)(t)(w) (p(r,t) = w & Esrt → (4)
        (C⁻srt: ↔ p(r,t + e) > w)) .

»e« bezeichnet eine konstante Zeitgröße, die von der Dauer des Verstärkungsvorganges und der Verstärkerwirkung abhängt.

Zirkularität des Gesetzes des operanten Konditionierens

Es läßt sich zeigen, daß das Gesetz des operanten Konditionierens (GOK1 und GOK2) eine logische Folgerung aus der Definition des Verstärkerbegriffs (DPV und DNV) ist. Es handelt sich also nicht – wie im allgemeinen angenommen – um eine grundlegende Gesetzmäßigkeit des Lernens, sondern um ein Korrelat der bedingten Definition. Da Definitionen nicht an der Erfahrung scheitern können, sie sind nur mehr oder weniger nützlich im Hinblick auf bestimmte Ziele, ist auch das Gesetz des operanten Konditionierens unter diesen Umständen nicht falsifizierbar. Jeder scheinbare Falsifikator (Opp 1970) läßt sich unter Hinweis auf die Definition des Verstärkerbegriffs sofort *exhaurieren* (Holzkamp 1964). Immer wenn das Gesetz zu einer Vorhersage führt, die den tatsächlichen beobachteten Ereignissen widerspricht, ist die Definition nicht erfüllt, so daß die Diskrepanz aus der Definition selbst ableitbar ist. Das wollen wir formal ausdrücken und beweisen:

(SOK1)   DPV ⊢ GOK1

Beweis:
(1) DPV
(2) p(r,t) = w & Frst → (C⁺srt → p(r,t + e) > w) &
    (p(r,t + e) > w → C⁺srt)
(3) p(r,t) = w & Frst → (C⁺srt → p(r,t + e) > w)
(4) p(r,t) = w & Fsrt & C⁺srt → p(r,t + e) > w
(5) GOK1

(SOK2)   DNV ⊢ GOK2

Der Beweis verläuft analog zu dem von SOK1 und kann deshalb unterbleiben. Aus SOK1 und SOK2 folgt

(SOK3)   *Das Gesetz des operanten Konditionierens (GOK1 und GOK2) ist ein Korrelar der bedingten Definition des Verstärkerbegriffs (DPV und DNV).*

Daraus ergibt sich unmittelbar, daß eine Falsifikation des Gesetzes unmöglich ist, da es sich nicht um eine Aussage handelt, die an der Erfahrung scheitern kann.

Wenn für einen Reiz seine Verstärkereigenschaft für eine bestimmte Reaktion zu einem bestimmten Zeitpunkt nachgewiesen ist, so ist per definitionem auch das Paradigma erfüllt. Wenn dagegen das Gesetz nicht gilt, kann auch die Definition des Verstärkerbegriffs nicht erfüllt sein. Es liegt deshalb keine Falsifikation des Gesetzes vor, da seine Anwendung immer schon das Erfülltsein der Definition voraussetzt.

Wenn z.B. ein Reiz a in einer bestimmten Situation b als Verstärker fungiert, so liegt die Vermutung nahe, daß a auch in anderen Situationen als positiver Verstärker eingesetzt werden könnte. Man stellt die Hypothese auf, daß a ein *generalisierter* Verstärker (s.d. MEEHL 1953) sei. Wenn nun zu einem bestimmten Zeitpunkt c die Auftrittswahrscheinlichkeit von d ermittelt wird und a auf d folgt, so kann man auf Grund des Gesetzes der operanten Konditionierung eine Erhöhung der Auftrittswahrscheinlichkeit von d erwarten. Tritt diese Erhöhung nicht ein, so hat man damit nicht das Gesetz GOK1 falsifiziert, sondern die Hypothese, daß a ein generalisierter Verstärker ist, der auch zum Zeitpunkt c, in der Situation b und bei der betreffenden Person als positiver Verstärker wirkt. Es ergibt sich deshalb:

(SOK4) *Das Gesetz des operanten Konditionierens ist nicht falsifizierbar* (ist keine Aussage mit empirischem Gehalt).

Aus SOK3 und SOK4 folgt, daß jede Argumentation gegen die Übertragung dieser Prinzipien (GOK1, GOK2), die bei Tieren oder in Laboratorien gewonnen und bewährt wurden, auf den Menschen gegenstandslos ist. Durch eine Übertragung von Definitionen und ihren logischen Folgesätzen werden keinerlei Aussagen über das »Wesen« des Menschen vorweggenommen. Der Vorwurf des Reduktionismus ist sicher ungerechtfertigt.

Verstärkerhypothesen

Welche Rolle kann das Gesetz des operanten Konditionierens unter diesen Umständen bei der Erklärung und Vorhersage von Verhaltensereignissen spielen? Betrachten wir dazu folgende Argumente:

(EA3) G_1 : $(s)(r)(t)(w)(p(r,t) = w$ & C^+srt & $Fsrt$
$\rightarrow p(r, t+e) > w)$
A_1 : $p(b,c) = h$
A_2 : $Fabc$
A_3 : C^+abc
___
E : $p(b, c+e) > h$

E kann auch anders geschrieben werden: $p(b, c+e) > p(b,c)$. Es werden also komparative Beziehungen zwischen Reaktionsraten (Auftrittswahrscheinlichkeiten) erklärt bzw. vorhergesagt.
Faßt man das Argument als Vorhersage auf, so kann, wenn das vorhergesagte Ereignis nicht eintritt, d.h., wenn

$$p(b, c+e) = p(b,c) \quad ,$$

nur A_3 falsch sein, vorausgesetzt, man hat $p(b,c)$ vorher korrekt gemessen und $Fabc$ tatsächlich beobachtet. G_1 kann auf jeden Fall nicht für eine Fehlprognose verantwortlich gemacht werden, da GOK1 nicht falsifizierbar ist (s. SOK4) und nur definitorischen Charakter hat.
Wir wollen A_3, die eine Aussage über die Verstärkereigenschaft des Reizes a für die Reaktion b zur Zeit c macht, die *Verstärkerhypothese* nennen. Eine Falsifikation von A_3 kann verschiedene Gründe haben. Wenn man einen bestimmten Reiz a als Verstärker für bestimmte Reaktionen bei bestimmten Personen und zu bestimmten Zeitpunkten (Situationen) identifiziert hat, kann sich bei weiterer Untersuchung zeigen:

(T1) a ist ein positiver Verstärker, aber nicht transsituational (nicht in allen Situationen)
$(r) \neg (u)(p)(t) C^+arupt$

(T2) a ist ein positiver Verstärker, aber nicht transreaktional (nicht für alle Reaktionen)
$\neg (r)(u)(p)(t) C^+arupt$

(T3) a ist ein positiver Verstärker, aber nicht transterminal (nicht zu allen Zeitpunkten)
$(r)(u)(p) \neg (t) C^+arupt$

(T4) a ist ein positiver Verstärker, aber nicht transpersonal (nicht für alle Personen)
$(r)(u) \neg (p)(t) C^+arupt$

(T5) a ist ein positiver Verstärker, aber nicht transsituational und transreaktional
$\neg (r) \neg (u)(p)(t) C^+arupt$

(T6) a ist ein positiver Verstärker, aber nicht transsituational und transterminal
$$(r) \neg (u) (p) \neg (t) C^+\text{arupt}$$
(T7) a ist ein positiver Verstärker, aber nicht transsituational und transpersonal
$$(r) \neg (u) \neg (p) (t) C^+\text{arupt}$$
(T8) a ist ein positiver Verstärker, aber nicht transreaktional und transterminal
$$\neg (r) (u) (p) \neg (t) C^+\text{arupt}$$
(T9) a ist ein positiver Verstärker, aber nicht transreaktional und transpersonal
$$\neg (r) (u) \neg (p) (t) C^+\text{arupt}$$
(T10) a ist ein positiver Verstärker, aber nicht transterminal und transpersonal
$$(r) (u) \neg (p) \neg (t) C^+\text{arupt}$$
(T11) a ist ein positiver Verstärker, aber nicht transsituational, transreaktional und transterminal
$$\neg (r) \neg (u) (p) \neg (t) C^+\text{arupt}$$
(T12) a ist ein positiver Verstärker, aber nicht transsituational, transreaktional und transpersonal
$$\neg (r) \neg (u) \neg (p) (t) C^+\text{arupt}$$
(T13) a ist ein positiver Verstärker, aber nicht transsituational, transterminal und transpersonal
$$(r) \neg (u) \neg (p) \neg (t) C^+\text{arupt}$$
(T14) a ist ein positiver Verstärker, aber nicht transreaktional, transterminal und transpersonal
$$\neg (r) (u) \neg (p) \neg (t) C^+\text{arupt}$$
(T15) a ist ein positiver Verstärker, aber nicht transsituational, transreaktional, transterminal und transpersonal
$$\neg (r) \neg (u) \neg (p) \neg (t) C^+\text{arupt}$$
(T16) a ist ein transsituationaler, transreaktionaler, transterminaler und transpersonaler positiver Verstärker
$$(r) (u) (p) (t) C^+\text{arupt}$$

Man kann zusätzlich einen weiteren Typ ergänzen:

(T17) a ist kein positiver Verstärker.
$$(r) (u) (p) (t) \neg C^+\text{arupt}$$

In der Typologie ist u Situations- und p Personvariable.

Es ist jeweils zu prüfen, welche der 16 Möglichkeiten für einen positiven Verstärker gelten (für negative Verstärker ist eine analoge Typologie konstruierbar). In jedem Fall bleibt eine zugeordnete

Verstärkereigenschaft (außer T15) hypothetisch, da die logische Struktur der Aussagen eine Verifikation verbietet. Man muß deshalb, um für einen bestimmten Reiz die Verstärkereigenschaft für eine bestimmte Reaktion unter bestimmten situativen Bedingungen und in einem bestimmten Zeitbereich für eine bestimmte Person zu bestimmen, jeweils prüfen, ob die bedingte Definition DPV (bzw. ihre Erweiterung um die Parameter p und u) erfüllt ist. Dann kann die überprüfte Verstärkerhypothese aber nicht mehr in die Erklärung oder Prognose eingehen, da E bereits bekannt sein muß. E ist nämlich die Reaktionsbedingung in den bedingten Definitionen der Verstärkereigenschaft (DVP). Das Argument hat dabei die allgemeine Form:

(EA4) GOK1
Verstärkerhypothese
Antezedensbedingung
―――――――――――――
Explanandum .

Die Selbsterklärung des Explanandums ergibt sich aus der Tatsache, daß aus der Verstärkerhypothese zusammen mit den Antezedensbedingungen bereits das Explanandum folgt und daß das Eintreten des im Explanandum beschriebenen Ereignisses notwendige Voraussetzung für das Zutreffen der Verstärkerhypothese ist. Im Falle einer Prognose müßte man, um sicherzugehen, daß die vierte Adäquatheitsbedingung erfüllt ist, das vorherzusagende Ereignis bereits beobachtet haben. D.h. aber: *Prognosen sind nicht möglich, Erklärungen sind zirkulär* (s.d.a. MEEHL 1953).
EA4 kann unter diesen Umständen nicht als Erklärungs- und Vorhersageargument bezeichnet werden, da es eine weitere Adäquatheitsbedingung nicht erfüllt. Es enthält im Explanans kein allgemeines Gesetz. GOK1 ist nur unmittelbare logische Folgerung aus der Definition DPV. Die Verstärkerhypothese ist bestenfalls eine idiographische Hypothese. Nur wenn alle Verstärkerhypothesen vom Typ T16 wären, könnte man von universellen Gesetzesaussagen sprechen, die aber auch dann eine Reizkonstante enthalten würden und so nicht zu den allgemeinen Gesetzen gerechnet werden könnten. Daraus folgt zunächst, daß die Gesetze des operanten Konditionierens für Erklärungs- und Vorhersagezwecke völlig ungeeignet sind. Es handelt sich nicht um allgemeine Verhaltensgesetze – wie allgemein angenommen wird –, sondern um Korrelare bedingter Definitionen des Verstärkerbegriffs. Definitionen und ihre logischen Implikate haben in Erklärungs- und Prognoseargumenten keine Funktion.

Deprivation und Verstärkung

So leicht wird sich der Proponent des Gesetzes der operanten Konditionierung nicht geschlagen geben. Um Mißverständnisse zu vermeiden, weisen wir darauf hin, daß sich unsere Argumente nicht gegen die Existenz eines Vorgangs richten, der die im Paradigma konkretisierten Eigenschaften hat, sondern einzig gegen die Behauptung, es handele sich dabei um ein grundlegendes Gesetz der Verhaltenstheorie mit expliziter Erklärungs- und Vorhersagefunktion. Der Proponent kann zu einer Umformulierung des Gesetzes Zuflucht nehmen:

(GOK3) Wenn ein starker *Deprivationszustand* besteht, dann erhöht sich die Auftrittswahrscheinlichkeit einer Reaktion, wenn ihr ein Reiz folgt, der den Deprivationszustand beendet.

In diesem Satz taucht der Begriff des Verstärkers nicht mehr auf. An seine Stelle tritt ein Reiz, der einen bestehenden Deprivationszustand beendet. DPV wird ersetzt durch:

(DPV') Ein positiver Verstärker ist ein Reiz, der einen Deprivationszustand beendet.

Für konkrete Deprivationszustände ergibt sich z. B.:

Bei starker Nahrungsdeprivation ist Nahrung ein positiver Verstärker.
Bei starkem Sauerstoffmagel ist Sauerstoff ein positiver Verstärker.
Bei starker Schlafdeprivation ist Schlaf ein positiver Verstärker.

Damit ist natürlich die ursprüngliche SKINNERsche Definition (1953, 1966, 1969) des Verstärkerbegriffs (s. DPV und DNV) verlassen. Man hat aber, so scheint es, GOK1 als allgemeines Gesetz gerettet. GOK1 kann jetzt als eigenständige Gesetzesannahme begriffen werden, da es nicht mehr aus einer Definition logisch ableitbar ist. Man sieht aber sofort, daß DPV' viel enger ist als DPV. Viele Verstärker, die z. B. im sozialen Kontext eine große Rolle spielen, lassen sich nur mit einiger Willkür mit Deprivationszuständen in Verbindung bringen und auch dann wohl nur, wenn man bereit ist, eine ganze Reihe sozialer Bedürfnisse zu postulieren – eine Voraussetzung, gegen die sich SKINNER sicherlich verwahren würde.
Es läßt sich jedoch zeigen, daß auch in Fällen, die die Bezugnahme auf einen Deprivationszustand nahelegen, die Ersetzung von DPV

durch DPV' nicht weiter führt. An die Stelle eines konkreten Argumentes EA3 tritt jetzt:

(EA5) G_1 : Bei starker Nahrungsdeprivation ist Nahrung ein positiver Verstärker (Spezialisierung von DPV').

G_2 : Wenn auf eine Reaktion ein positiver Verstärker folgt, erhöht sich die Auftrittswahrscheinlichkeit dieser Reaktion (GOK1).

A_1 : Person a ist stark nahrungsdepriviert.

A_2 : Nahrung folgt auf die Reaktion b.

E : Die Auftrittswahrscheinlichkeit von b erhöht sich.

EA5 erfüllt auf den ersten Blick die Adäquatheitsbedingungen für korrekte Erklärungen. G_2 ist das geforderte allgemeine Gesetz. Das Explanans hat empirischen Gehalt und erlaubt einen deduktiven Übergang zum Explanandum. Außerdem sind die Sätze, aus denen das Explanans besteht, gut bewährt, wenn A_1 und A_2 tatsächlich beobachtete Ereignisse beschreiben.

Wenn aber E als Prognose aufgefaßt wird und bei einer Überprüfung prognostiziertes und tatsächlich eingetretenes Ereignis nicht übereinstimmen, so kann dafür, wenn A_2 als gegeben angenommen werden darf, G_1 nicht verantwortlich gemacht werden, da es sich bei G_1 nur um ein Bedeutungspostulat für »positiver Verstärker« handelt, das weder falsch, noch richtig sein kann. Es kommen nur G_2 und A_1 in Frage. Bei G_2 als einem gut bewährten Gesetz wird man zögern, ehe man es als falsifiziert betrachtet, und lieber A_1 aufgeben. A_1 ist eine *idiographische Hypothese*, die mit »nahrungsdepriviert« ein Dispositionsprädikat enthält.

Tritt also das in E beschriebene Ereignis nicht ein, so liegt der Verdacht nahe, daß Person a gar nicht nahrungsdepriviert war, so daß die Voraussetzung dafür, daß Nahrung als positiver Verstärker gelten kann, nicht erfüllt war. Die Wirksamkeit von Nahrung als positiver Verstärker ist ja an das Vorliegen eines Deprivationszustandes gebunden (s. G_1).

Wenn man von der Gültigkeit von G_2 ausgeht, läßt sich über das Gegebensein eines Deprivationszustandes nur entscheiden, wenn E bereits als zutreffend bekannt ist. Die Gültigkeit von A_1 setzt den Eintritt des in E beschriebenen Ereignisses voraus. Tritt E nicht ein, wird A_1 zurückgewiesen. Die Person a ist eben nur dann nahrungsdepriviert, wenn Nahrung als positiver Verstärker wirkt und d. h., wenn G_2 gilt, wenn sich die Auftrittswahrscheinlichkeit der Reaktion unter den genannten Bedingungen erhöht.

Wer also prüfen will, ob A_1 die vierte Adäquatheitsbedingung erfüllt, muß schon prüfen, ob E wahr ist. Das schließt aber die Möglichkeit von Vorhersagen aus. Der einzige Ausweg besteht darin, daß man sich für eine Verwerfung von G_2, d. h. von GOK1, entscheidet. Dann würde aber ein einziger negativer Fall ausreichen, bei dem das in E beschriebene Ereignis nicht eintritt, um das Gesetz des operanten Konditionierens zu falsifizieren und damit alle Erklärungen, in denen GOK1 vorkommt, zu invalidieren.

Man wird deshalb eher bereit sein, GOK1 beizubehalten und den zirkulären Charakter der Erklärungs- und Prognoseargumente zu akzeptieren. Diese haben die allgemeine Form:

G_1 : Bedeutungspostulat
G_2 : allgemeines Gesetz
A_1 : idiographische Hypothese
A_2 : Antezedensbedingungen

E : Explanandum

Zirkularität ergibt sich aus der Tatsache, daß eine von E unabhängige Prüfung von A_1 nicht möglich ist. Soll A_1 die vierte Adäquatheitsbedingung (die Sätze, aus denen das Explanans besteht, müssen gut bestätigt sein) erfüllen, muß das in E beschriebene Ereignis bereits eingetreten sein. Andernfalls handelt es sich entweder nicht um ein korrektes Argument oder G_2 muß aufgegeben werden.

Diese Zusammenhänge werden bei einer Formalisierung noch deutlicher. »ND« steht für »stark nahrungsdepriviert«, »n« für »Nahrung«.

(EA5) G_1 : $(r)(u)(p)(t)(NDpt \leftrightarrow C^+nrupt)$
G_2 : $(r)(s)(u)(p)(t)(w)(p(r,t,p) = w \,\&\, C^+srupt \,\&\, Fsrupt$
$\rightarrow p(r,t,+e,p) > w)$
A_1 : NDac
A_2 : $p(b,c,a) = h \,\&\, Fnbdac$

E : $p(b,c+e,a) > h$

Nehmen wir an, daß A_2 gültig, G_1 ein Bedeutungspostulat und G_2 ein gut bewährtes Gesetz sind. Wenn nun durch Beobachtung festgestellt wird, daß E nicht gilt, ergibt sich, daß A_1 nicht gilt. Das wollen wir beweisen.

Aus G_2 gewinnt man durch Kontraposition

(1) $(s)(r)(u)(p)(t)(w)(\neg p(r,t+e,p) > w \rightarrow$
$\neg(C^+srupt \,\&\, Fsrupt \,\&\, p(r,t,p) = w))$.

Durch Ersetzung der Variablen durch die Konstanten aus EA5 ergibt sich

(2) $\neg\, p(b,c+e,a) > h \to \neg\, (p(b,c,a) = h\ \&\ C^+nbdas\ \&\ Fnbdac)$.

Durch Anwendung der Abtrennungsregel läßt sich aus (2) und der Voraussetzung, daß E nicht gilt, (3) gewinnen:

(3) $\neg\, (p(b,c,a) = h\ \&\ C^+nbdac\ \&\ Fnbdac)$.

Daraus folgt durch Umwandlung der Konjunkion in eine Alternation

(4) $\neg\, (p(b,c,a) = h\ \&\ Fnbdac)\ \lor\ \neg\, C^+nbdac$

und weiter in eine Implikation

(5) $(p(b,c,a) = h\ \&\ Fnbdac) \to \neg\, C^+nbdac$.

Aus (5) gewinnt man zusammen mit A_2 durch modus ponens

(6) $\neg\, C^+nbdac$.

Setzt man in G_1 die entsprechenden Konstanten ein, so erhält man

(7) $NDac \leftrightarrow C^+nbdac$.

Aus (7) und (6) zusammen folgt nun

(8) $\neg\, NDac$.

Eben das war zu beweisen.
(8) ist die Negation der idiographischen Hypothese A_1. Wenn E falsch ist, ist auch A_1 falsch – immer vorausgesetzt, man akzeptiert G_2 –, die Wahrheit von A_1 ist aber Voraussetzung für die Korrektheit des Erklärungsargumentes EA5. Damit ist auch die Wahrheit von E Vorbedingung. Das macht jede Prognose unmöglich, jede Erklärung zur Selbsterklärung.

Konsequenzen

Daraus ergibt sich, daß das Gesetz des operanten (instrumentellen) Konditionierens in der bisherigen Formulierung – und das ist die in der heutigen Psychologie allgemein übliche – für die Erklärung und Vorhersage von Verhaltensereignissen nicht geeignet ist. Das bedeutet zugleich, daß es bei der Verwirklichung der Ziele psychologischer Forschung keine Rolle spielen kann. Wir werden später sehen, daß unter gewissen Zusatzbedingungen, die selbst nur schwer

oder gar nicht geprüft werden können, eine Verwendung zu Erklärungs- und Vorhersagezwecken dennoch möglich ist.
Diese Erkenntnisse haben in erster Linie für die Humanpsychologie Bedeutung. Bei manchen Tierarten kann die *Zirkularität des Gesetzes der operanten Konditionierung* durch allgemeine Verstärkerhypothesen umgegangen werden (s. d. MEEHL 1953). So mag sich z. B. für Futter bei Tauben oder Ratten – SKINNERS bevorzugten Versuchsobjekten – die Annahme gut bestätigen lassen, daß Futter ein transterminaler, transsituationaler, transreaktionaler und transpersonaler Verstärker ist. In diesem Fall würde die Prüfung der idiographischen Hypothese nicht auf das Explanandumereignis Bezug nehmen. Beide wären insofern unabhängig voneinander. Im Humanbereich dürfte bis auf wenige Ausnahmen eine Verstärkerhypothese vom Typ T15 die Regel sein, die diese Unabhängigkeit nicht gewährleistet. Jeder, der sich mit Verhaltenstherapie befaßt, weiß um die Spezifität von Verstärkereigenschaften. Hier hilft auch die Unterscheidung zwischen *primären* und *sekundären Verstärkern*, auf die wir noch kommen werden, nicht. EA5 zeigt, daß das Dilemma gerade für primäre Verstärker gilt.

Neutrale Reize

Im weiteren Verlauf beziehen wir uns wieder auf die ursprünglichen Fassungen der Definitionen und Gesetze, wie sie in DPV, DNV, GOK1 und GOK2 vorliegen, lassen also die Situations- und Personparameter, um die Notation zu vereinfachen, unberücksichtigt. Eine entsprechende Ergänzung ist ja jederzeit möglich.
Aus GOK1 und GOK2 folgt, daß eine Erhöhung der Auftrittswahrscheinlichkeit einer Reaktion auf eine Anwendung eines positiven bzw. eine Entfernung eines negativen Verstärkers folgt. Für die Abnahme der Auftrittswahrscheinlichkeit läßt sich kein so einfaches Gesetz formulieren. Man könnte z. B. folgende Hypothesen formulieren:

(SOK5) $(s)(r)(t)(w)(p(r,t) = w \ \& \ C^+srt \ \& \ Esrt \rightarrow p(r, t+e) < w)$

(SOK6) $(s)(r)(t)(w)(p(r,t) = w \ \& \ C'srt \ \& \ Fsrt \rightarrow p(r, t+e) < w)$.

SOK5 behauptet, daß die Entfernung eines positiven Verstärkers, SOK6, daß die Anwendung eines negativen Verstärkers zu einer Abnahme der Auftrittswahrscheinlichkeit führt. Das sind empirisch zu prüfende Gesetzesannahmen, die sich nicht aus DVP oder DNV ableiten lassen.

In diesem Zusammenhang ist eine Analyse des Begriffs des *neutralen Reizes* erforderlich. Dieser Neutralitätsbegriff ist natürlich zu unterscheiden von dem, den wir im Rahmen der respondenten Konditionierung eingeführt haben. Wir können definieren:

(DSN) (s)(r)(t) (SNsrt : $\leftrightarrow \neg C^+srt \;\&\; \neg C^-srt$),

d. h., ein Reiz ist neutral für eine bestimmte Reaktion zu einem bestimmten Zeitpunkt genau dann, wenn er weder ein positiver, noch ein negativer Verstärker für diese Reaktion zu diesem Zeitpunkt ist.

Wir wollen sehen, welche Sätze sich für neutrale Reize ableiten lassen. Zu diesem Zweck beginnen wir mit DPV und DNV. Aus DPV folgt

(1) $(p(r,t) = w \;\&\; Fsrt) \to (\neg C^+srt \leftrightarrow \neg p(r,t+e) > w)$

und aus DNV

(2) $(p(r,t) = w \;\&\; Esrt) \to (\neg C^-srt \leftrightarrow \neg p(r,t+e) > w)$.

Aus (1) gewinnt man

(3) $(p(r,t) = w \;\&\; Fsrt) \to (\neg C^+srt \to \neg p(r,t+e) > w)$
(4) $((p(r,t) = w \;\&\; Fsrt) \;\&\; \neg C^+srt) \to \neg p(r,t+e) > w)$
(5) $(\neg C^+srt \;\&\; (p(r,t) = w \;\&\; Fsrt)) \to \neg p(r,t+e) > w)$
(6) $\neg C^+srt \to ((p(r,t) = w \;\&\; Fsrt) \to \neg p(r,t+e) > w)$.

Aus (2) folgt analog

(7) $\neg C^-srt \to ((p(r,t) = w \;\&\; Esrt) \to \neg p(r,t+e) > w)$.

Aus DNS läßt sich zusammen mit der Annahme, daß SNsrt, ableiten, daß

(8) $\neg C^+srt \;\&\; \neg C^-srt$.

Aus (8) und (6) folgt

(9) $p(r,t) = w \;\&\; Fsrt \to \neg p(r,t+e) > w$,

aus (8) und (7)

(10) $p(r,t) = w \;\&\; Esrt \to \neg p(r,t+e) > w$.

(9) und (10) lassen sich zusammenfassen:

(11) $p(r,t) = w \;\&\; (Fsrt \lor Esrt) \to \neg p(r,t+e) > w$.

(11) kann umgeformt werden zu

(12) $p(r,t) = w \;\&\; (Fsrt \lor Esrt) \to p(r,t+e) \leq w$.

Mit Hilfe des Deduktionstheorems gewinnen wir so den Satz

(SOK7) (s)(r)(t)(w)(SNsrt $\rightarrow$ (p(r,t) = w & (Fsrt v Esrt))
$\rightarrow$ p(r,t + e) $\leq$ w) .

Aus SOK7 läßt sich auf

(13) SNsrt & (p(r,t) = w & (Fsrt v Esrt)) $\rightarrow$ p(r,t + e) $\leq$ w

schließen und weiter auf

(14) p(r,t) = w & SNsrt & (Fsrt v Esrt) $\rightarrow$ p(r,t + e) $\leq$ w .

Aus (14) folgt schließlich ein GOK1 bzw. GOK2 vergleichbarer Satz:

(SOK8) (s)(r)(t)(w)(p(r,t) = w & SNsrt & (Fsrt v Esrt)
$\rightarrow$ p(r,t + e) $\leq$ w) .

SOK8 macht deutlich, daß eine Abnahme bzw. ein Gleichbleiben von Auftrittswahrscheinlichkeiten auch dadurch bedingt sein können, daß auf die betreffende Reaktion neutrale Reize folgen.
Der Begriff des neutralen Reizes könnte natürlich auch ohne Bezugnahme auf den Verstärkerbegriff eingeführt werden, hätte dann allerdings eine etwas andere Bedeutung.

(DSN') (s)(r)(t)(w)(p(r,t) = w & (Fsrt v Esrt) $\rightarrow$
(SNsrt $\leftrightarrow$ p(r,t + e) = w)) .

Aus DSN' folgt

(15) SNsrt $\rightarrow$ (p(r,t) = w & (Fsrt v Esrt) $\rightarrow$ p(r,t + e) = w)

und damit auch SOK7. Andererseits folgt aus DSN' auch

(16) p(r,t) = w & (Fsrt v Esrt) & p(r,t + e) = w $\rightarrow$ SNsrt .

Dieser Satz folgt nur aus DSN', nicht aber aus DSN. DSN ist also enger als DSN'. Man muß deshalb jeweils angeben, welche Definition von SN in der Verhaltenstheorie gelten soll.

Extinktion

Unter *Extinktion* (SKINNER 1953, s.a. FOPPA 1965) versteht man das Auslöschen einer Verhaltensweise, die fortschreitende Abnahme ihrer Auftrittswahrscheinlichkeit bis die betreffende Reaktion aus dem Verhaltensrepertoire des Individuums gelöscht ist. Vergessen z.B. kann als Extinktion begriffen werden. Es handelt sich um eine Sequenz abnehmender Auftrittswahrscheinlichkeiten

$$p(r,t_1) = w_1, \ldots, p(r,t_n) = w_n$$
$$t_1 < t_2 < \ldots < t_n; w_1 > w_2 > \ldots > w_n \ .$$

Die Werte w_i ($1 \leq i \leq n$) lassen sich in einer Extinktions-(Vergessens-) Kurve aufzeichnen, die den Verlauf des Verlernens der betreffenden Reaktion wiedergibt.

Extinktionsvorgänge kommen bei respondent und bei operant konditionierten Reaktionen vor. Wir wollen uns nur mit der Extinktion operant bedingter Verhaltensweisen beschäftigen. Bei klassisch konditionierten Reaktionen verläuft der Prozeß analog. Nur sind dabei zusätzlich die bedingten und unbedingten Reize zu berücksichtigen. Extinktion tritt vor allem dann auf, wenn nicht von Zeit zu Zeit auf den bedingten Reiz der unbedingte bzw. bedingte Stimulus niederer Stufe folgt, mit dem der bedingte Reiz während des Lernvorgangs assoziiert war.

Für die Erklärung von Extinktionen operant konditionierter Reaktionen können drei schon formulierte Annahmen herangezogen werden. Der Extinktionsvorgang läßt sich deuten als charakteristische Sequenz von Auftrittswahrscheinlichkeiten. Eine Phase dieser Folge wird durch Aussagen der Form

$$p(r,t) = w \ \& \ p(r,t+e) < w$$

ausgedrückt. Man teilt den Zeitraum vom Beginn der Extinktion bis zur völligen Löschung der Verhaltensweise in Intervalle der Länge e. Auf diese Weise werden folgende Sätze für eine Erklärung von Extinktionsvorgängen relevant:

(SOK5) $(s)(r)(t)(w)(p(r,t) = w \ \& \ C^+srt \ \& \ Esrt$
$\rightarrow p(r,t+e) < w)$
(SOK6) $(s)(r)(t)(w)(p(r,t) = w \ \& \ C^-srt \ \& \ Fsrt$
$\rightarrow p(r,t+e) < w)$
(SOK8) $(s)(r)(t)(w)(p(r,t) = w \ \& \ SNsrt \ \& \ (Fsrt \lor Esrt)$
$\rightarrow p(r,t+e) \leq w)$.

Ein konkretes Erklärungsargument, das auf SOK5 bezug nimmt, hat die Gestalt:

(EA6) G_1 : SOK5
A_1 : C^+abc
A_2 : $p(b,c) = h \ \& \ Eabc$
―――――――――――――――
 E : $p(b,c) = h \ \& \ p(b,c+e) < h$.

E beschreibt eine Phase des Vorganges der Extinktion der Reaktion b, und zwar die Phase, die sich im Zeitbereich c bis c + e, der eine Dauer von e hat, ereignet. An EA6 würde sich bei einer vollständigen Erklärung des Vorganges ein weiteres Argument anschließen:

(EA7) G_1 : SOK5
A_1 : $C^+abc + e$
A_2 : $p(b, c + e) = h_1$ & $Eabc + e$
—————————————————————————
E : $p(b, c + e) = h_1$ & $p(b, c + e + e) < h_1$

und so fort bis zur Löschung von b. Wenn EA6 die erste Phase beschreibt und der Vorgang aus n Zeitintervallen von der Länge e besteht, lautet das letzte Argument:

(EA8) G_1 : SOK5
A_1 : $C^+abc + (n-1)e$
A_2 : $p(b, c + (n-1)e) = h_{n-1}$ & $Eabc + (n-1)e$
—————————————————————————
E : $p(b, c + (n-1)e) = h_{n-1}$ & $p(b, c + ne) < h_{n-1}$
wobei
$p(b, c + ne) = 0$

Dieser Erklärungsvorschlag ist jedoch, abgesehen von der fraglichen Bewährung von SOK5, nicht ohne Probleme. Die Zirkularität des Paradigmas des operanten Konditionierens bleibt auch für die Extinktion nicht ohne Auswirkungen.

Im Explanans der Argumente sind zwei Aussagen enthalten, die aus pragmatischen Gründen kaum gemeinsam erfüllbar sind. Um die Verstärkerhypothese A_1 zu prüfen, müßte man entsprechend EA6 a auf b zum Zeitpunkt c folgen lassen und beobachten, ob eine Erhöhung der Auftrittswahrscheinlichkeit resultiert. Das ist aber undurchführbar, wenn zugleich »Eabc« gelten soll (s. A_2). Dazu muß a zur Zeit c von b entfernt werden. Ein unlösbares Dilemma. Hier führen wieder nur allgemeine Verstärkerhypothesen weiter, die gut bewährt sind und aus denen A_1 abgeleitet werden kann, ohne eigens überprüft zu werden.

Ohne diese Verstärkerhypothesen fehlt dem Teil der Verhaltenstheorie, der den Verstärkerbegriff wesentlich enthält, – und das ist der bei weitem größte Teil –, jede explanative und prognostische Funktion. Verhaltensereignisse sind in diesem Bereich lediglich deskriptiv erfassbar, zu ihrer Erklärung und Vorhersage fehlen alle Voraussetzungen. *Vorrangiges Forschungsziel innerhalb der Verhaltenstheorie sollten deshalb allgemeine Verstärkerhypothesen sein.* Nur sie gewährleisten korrekte Erklärungen und Prognosen.

Die außerordentliche Bedeutung, die operantes Konditionieren für die *Verhaltenstherapie* (FRANKS 1969, KANFER & PHILLIPS 1970, SKINNER 1969) und das *programmierte Lernen* (CORRELL 1965, SKINNER 1968) besitzt, unterstreicht nur noch die Dringlichkeit. Fast die gesamte *verhaltenstherapeutische Exploration* (KANFER & SASLOW 1969, 1969; s.a. WESTMEYER 1972), auf die sich der Therapieplan stützt, wird sub specie des Paradigmas des operanten Konditionierens durchgeführt und ausgewertet. Die Suche nach Verstärkern und ihr gezielter Einsatz in der Therapie gehören zu den zentralsten Momenten dieser Behandlungsform. Die aufgewiesenen Schwierigkeiten erlauben gegenwärtig keine korrekte Erklärung und Prognose der in einer Verhaltenstherapie ablaufenden Vorgänge. Diese können bestenfalls deskriptiv unter bestimmten Aspekten erfaßt werden. Eine Erklärung ist, soweit es sich um operant konditionierte Reaktionen handelt, nur über gut bewährte Verstärkerhypothesen möglich.

Diskrimination

Operantes Verhalten ist als verhaltenstheoretisches Äquivalent für *spontanes Verhalten* gedacht, für Verhalten, das nicht, wie konditionierte und unkonditionierte Reaktionen, zu ganz bestimmten (unbedingten bzw. bedingten) Reizen in einer einfachen Abhängigkeitsbeziehung steht (SKINNER 1953, 1966). Operantes Verhalten läßt sich nicht immer eindeutig bestimmten Reizen zuordnen, die für sein Auftreten Voraussetzung sind. Trotzdem besteht keine völlige Reizunabhängigkeit. Wir können von einer abgestuften *Reizkontrolle* sprechen, die bei weitgehender Unabhängigkeit beginnt und bei völliger Reizkontrolle endet.
Die Reize, die eine Reaktion kontrollieren, werden *diskriminierende Reize* genannt und durch s^D bzw. s^Δ abgekürzt. Wenn Reize s^D auftreten, tritt die kontrollierte Reaktion (bei völliger Reizkontrolle) immer oder mit einer bestimmten Wahrscheinlichkeit auf. s^Δ sind Reize, in deren Gegenwart die entsprechende Reaktion (bei völliger Reizkontrolle) nie oder selten auftritt. Das Lernen, zwischen Reizen zu unterscheiden, zu *diskriminieren*, äußert sich in der unterschiedlichen Auftrittswahrscheinlichkeit der betreffenden Reaktion einmal, wenn die s^D gegeben sind, zum anderen, wenn die s^Δ vorliegen. Am Ende eines derartigen Lernvorgangs ist diese Wahrscheinlichkeit für die s^D eins oder zumindest hoch, für die s^Δ null

oder wenigstens sehr gering. Man hat gelernt, unter welchen Bedingungen ein bestimmtes Verhalten angemessen ist und wann man dieses Verhalten besser nicht generiert.

Die typische Vorgehensweise bei der Induzierung von Diskriminationen ist die *selektive Verstärkung*. Man belohnt die betreffende Reaktion nur dann, wenn s^D gegeben sind, ignoriert oder bestraft sie dagegen, wenn s^Δ vorliegen. Auf diese Weise steigert man die Auftrittswahrscheinlichkeit der Reaktion in bestimmten Situationen, schwächt sie dagegen in anderen.

Der gesamte Ablauf beim Diskriminationslernen läßt sich in ein charakteristisches Veränderungsmuster von Auftrittswahrscheinlichkeiten einer Reaktion unter bestimmten situativen Bedingungen zerlegen. Veränderungen von Auftrittswahrscheinlichkeiten sind Gegenstand des Paradigmas des operanten Konditionierens. Prinzipiell reichen also die bereits abgeleiteten Gesetzesannahmen zur Erklärung von Diskriminationsereignissen aus, vorausgesetzt, wir verfügen bereits über die gut bewährten Verstärkerhypothesen, ohne die Prognosen unmöglich und Erklärungen zirkulär sind.

Wir wollen trotzdem einige spezifische Gesetzesannahmen einführen, die sich allerdings in eine Sequenz bereits bekannter Gesetze auflösen lassen und so keine Eigenständigkeit und Originalität beanspruchen können. Es handelt sich mehr um *Operationsregeln*, die aufzeigen, wie man einen bestimmten Effekt erzielen kann.

Zunächst werden die Begriffe der *Belohnung*, *Bestrafung* und *neutralen Behandlung* eingeführt:

(1) Eine Reaktion r wird zur Zeit t *belohnt* genau dann, wenn es einen positiven Verstärker für r zur Zeit t gibt, der auf r zur Zeit t folgt, oder wenn es einen negativen Verstärker für r zur Zeit t gibt, der von r zur Zeit t entfernt wird.

(2) Eine Reaktion r wird zur Zeit t *bestraft* genau dann, wenn es einen negativen Verstärker für r zur Zeit t gibt, der auf r zur Zeit t folgt, oder wenn es einen positiven Verstärker für r zur Zeit t gibt, der von r zur Zeit t entfernt wird.

(3) Eine Reaktion r wird zur Zeit t *neutral behandelt* (ignoriert) genau dann, wenn es einen neutralen Reiz für r zur Zeit t gibt, der auf r zur Zeit t folgt oder von r zur Zeit t entfernt wird.

Die Symbolisierung ergibt:

(DB$^+$) (r)(t)(B$^+$rt :$\leftrightarrow$ (Es)((C$^-$srt & Frst) v (C$^-$srt & Esrt)))
(DB$^-$) (r)(t)(B$^-$rt :$\leftrightarrow$ (Es)((C$^-$srt & Fsrt) v (C$^+$srt & Fsrt)))
(DNB)   (r)(t)(NBrt :$\leftrightarrow$ $\neg$B$^+$rt & $\neg$B$^-$rt) .

Statt DNB kann man auch

(DNB′) (r)(t)(NBrt :↔(s)((Fsrt v Esrt) → SNsrt))

wählen.
Es läßt sich dann folgende Regel zur Erhöhung von Auftrittswahrscheinlichkeiten um einen bestimmten Wert formulieren:

(GD1) $(r)(s)(t)(w)((En)(Ew')(Et')(Et_1)...(Et_n)$ $(n = g(w,w')$ & $p(r/s,t') = w'$ & $w' < w$ & B^+rt_1 & ... & B^+rt_n & $t' < t_1 < ... < t_n < t) \rightarrow p(r/s,t) = w)$.

Diese Regel drückt aus, daß sich durch n Belohnungen die Reaktionsrate (Auftrittswahrscheinlichkeit) von w' auf w steigern läßt, wenn $n = g(w,w')$. Die strukturelle Äquivalenz von GD1 und der quantitativen Formulierung des Gesetzes des klassischen Konditionierens GKKq legt die Vermutung nahe, daß es sich beim gemeinsamen Auftreten von bedingtem und unbedingtem Reiz um etwas handelt, das der Belohnung beim operanten Konditionieren vergleichbar ist.

(GD2) $(r)(s)(t)(w)((En)(Ew')(Et')(Et_1)...(Et_n)$ $(n = f(w,w')$ & $p(r/s,t') = w'$ & $w' > w$ & $(B^-rt_1$ v $NBrt_1)$ & ... & $(B^-rt_n$ v $NBrt_n)$ & $t' < t_1 < ... < t_n < t) \rightarrow p(r/s,t) = w)$.

GD2 besagt, daß durch n-malige Bestrafung bzw. neutrale Behandlung einer Reaktion die Reaktionsrate von w' auf w herabgesetzt werden kann, wenn $n = f(w,w')$.

Beide Regeln setzen indes voraus, daß jede einzelne Belohnung bzw. Bestrafung dasselbe Gewicht hat. Das *Ausmaß der Verstärkung* wird nicht berücksichtigt. Eine entsprechende Erweiterung führt GD1 in GD3 über:

Brtk : r wird zur Zeit t im Ausmaß k verstärkt

(GD3) $(r)(s)(t')(w')(n)(t_1)...(t_n)(k_1)...(k_n)(Ew)(Et)(p(r/s,t') =$
$= w'$ & $B^+rt_1k_1$ & ... & $B^+rt_nk_n$ & $t' < t_1 < ... < t_n < t$
$\rightarrow p(r/s,t) = w = g(n,k_1,...,k_n) > w')$,

und GD2 in GD4:

(GD4) $(r)(s)(t')(w')(n)(t_1)...(t_n)(k_1)...(k_n)(Ew)(Et)(p(r/s,t') =$
$= w'$ & $B^-rt_1k_1$ & ... & $B^-rt_nk_n$ & $t' < t_1 < ... < t_n < t$
$\rightarrow p(r/s,t) = w = f(n,k_1,...,k_n) < w')$.

Die Umformulierung von GD1 und GD2 in GD3 und GD4 weist zugleich auf die Mehrdeutigkeit der Determination einer bestimmten Reaktionsratenveränderung hin. Geht man im Rahmen eines Erklärungsversuchs vom Sukzedens von GD1 als Explanandum aus, so läßt sich mit Hilfe der (noch empirisch zu bestimmenden) Funktion $n = g(w, w')$, nachdem man w' festgesetzt hat, n (Zahl der Belohnungen) bestimmen. Eine Erklärung für das Explanadum scheint möglich. Dasselbe gilt für GD2. Wird dagegen das Ausmaß der Verstärkung als Variable berücksichtigt, so ist eine derartige Rückrechnung nicht mehr möglich. n hängt jetzt nicht allein von w und w' ab, sondern zusätzlich vom Ausmaß der Verstärkungen, die zu den Zeitpunkten $t_1, \ldots, t_n$ wirksam werden. Ist ein größeres Ausmaß geplant, kann n kleiner angesetzt werden, als wenn ein geringes Ausmaß vorgesehen ist. Hier ist nur eine Prognose möglich. Für einen Erklärungsversuch lassen sich keine eindeutigen Anweisungen für die Suche nach dem korrekten Explanans angeben.

g und f in GD3 und GD4 sind eigentlich Funktionsschemata, da sich mit einem bestimmten n auch ihre Stellenzahl ändert. Aus bestimmten n-, k_1-, ..., k_n-Werten kann ein bestimmter w-Wert errechnet werden. Die Kenntnis des w-Wertes allein erlaubt nicht einmal die Angabe einer bestimmten Funktion. Es besteht also eine doppelte Mehrdeutigkeit.

Wenn man eine vollständige Erklärung eines Diskriminationsvorgangs bzw. einer reizkontrollierten operant konditionierten Reaktion geben will, ist für eine korrekte Erklärung die genaue Kenntnis der Genese dieser Reizkontrolle Voraussetzung. Diese Kenntnis kann nur durch völlige Bedingungskontrolle erreicht werden. Eine wissenschaftliche Erklärung derartiger Ereignisse in natürlicher Umwelt, im Alltag, scheint ausgeschlossen. Man kann bestenfalls eine Reihe alternativer Wie-es-möglich-war,daß-Erklärungen geben. Zu diesem Zweck legt man durch eine Spezifizierung des n-Wertes eine bestimmte Funktion fest und gibt bestimmte k_1-, ..., k_n-Werte an, die, zusammen mit dem n-Wert in die entsprechende Funktionsgleichung eingesetzt, den gegebenen w-Wert liefern. Eine rationale Entscheidung zwischen den unendlich vielen verschiedenen möglichen Lösungen dieses Problems kann im Nachhinein ohne vorangehende Bedingungskontrolle nicht mehr getroffen werden.

Für die experimentelle Herstellung einer Diskrimination reichen die Gesetzesannahmen (Operationsregeln) aus. Geht man von einer bestimmten Reaktion s aus, die zur Zeit c ebenso häufig auftritt, wenn der Reiz b vorhanden ist, wie wenn der Reiz d vorliegt, und will man b zu einem s^D und d zu einem s^Δ umwandeln, so kann man entsprechend GD3 und GD4 vorgehen. a wird selektiv verstärkt. Wenn immer a in Gegenwart von b auftritt, wird a belohnt, wenn immer a in Gegenwart von d auftritt, bestraft oder neutral behandelt.

Da neutrale Behandlung in GD4 nicht mehr vorkommt, vereinbaren wir, daß neutrale Behandlung einer Reaktion ihrer Bestrafung im Ausmaß null entspricht.
Damit schließt GD4 auch die neutrale Behandlung ein. In experimentellen Anordnungen kann man den n-Wert und das Ausmaß der Verstärkungen von vornherein festlegen. Unter diesen Umständen läßt sich folgendes prognostische Argument konstruieren:

(EA9) G_1 : GD3
 G_2 : GD4
 A_1 : $p(a/b,c') = p(a/d,c') = h'$
 A_2 : $B^+ac_1l_1$ & ... & $B^+ac_0l_0$ & $c' < c_1 < ... < c_0 < c$
 A_3 : $B^-ac'_1l'_1$ & ... & $B^-ac'_0, l'_0,$ & $c' < c'_1 < ... < c'_0, < c$
 E_1 : $p(a/b,c) = g(o,l_1, ..., l_0) > h'$
 E_2 : $p(a/d,c) = f(o',l'_1, ..., l'_0,) < h'$
 E : $p(a/b,c) > > p(a/d,c)$

E beschreibt eine Phase bzw. das Resultat eines diskriminativen Lernprozesses. EA9 liefert, sofern alle im Explanans enthaltenen Gesetze gut bestätigt bzw. bewahrt sind, eine korrekte Erklärung bzw. Prognose dieses Resultats. Daß eine ex post facto Warum-Erklärung von E für den Fall, daß E Ereignisse in natürlicher Umwelt beschreibt, unmöglich ist, dürfte eine simple Inspektion der Antezedensbedingungen von EA9 deutlich machen.
Wir haben zu Beginn dieses Abschnitts darauf hingewiesen, daß korrekte Erklärungen und Vorhersagen auch von Diskriminationsereignissen nur unter der Voraussetzung gegeben werden können, daß gut bewährte Verstärkerhypothesen vorliegen. EA9 enthält den Verstärkerbegriff wesentlich in GD3, GD4 und in den Antezedensbedingungen A_2 und A_3. Belohnung und Bestrafung sind ja nur Synonyma für bestimmte Anwendungsformen positiver bzw. negativer Verstärker. Jedes Argument vom Typ EA9 ist deshalb zirkulär, solange die Überprüfung von A_2 und A_3 nicht unabhängig von E vorgenommen werden kann. Das ist aber erst möglich, wenn auf allgemeine Verstärkerhypothesen zurückgegriffen werden kann (s.a. MEEHL 1953).
Mit der Diskrimination verwandt ist die *Differenzierung*. Statt zwischen verschiedenen Reizen wird bei der Differenzierung zwischen verschiedenen Ausprägungen eines Merkmals eines Reizes unterschieden (diskriminiert). GD1, ..., GD4 werden sofort übertragbar, wenn der eine Ausprägungsbereich, innerhalb dessen auf den Reiz die Reaktion folgen soll, mit s^D und der andere mit s^Δ gleichgesetzt wird.

Ausmaß der Verstärkung

Bei der Diskussion des Unterscheidungslernens haben wir den Begriff des *Ausmaßes einer Verstärkung* eingeführt, ohne ihn eigens einer Analyse zu unterziehen. Wir wollen an dieser Stelle einige Hinweise für eine *Metrik des Verstärkerbegriffs* geben.

Wenn wir von

(GOK1) $\quad$ (s)(r)(t)(w)(p(r,t) = w \,\&\, C^+srt \,\&\, Fsrt \rightarrow p(r,t+e) > w)$

und

(GOK2) $\quad$ (s)(r)(t)(w)(p(r,t) = w \,\&\, C^-srt \,\&\, Esrt \rightarrow p(r,t+e) > w)$

ausgehen, so können wir den *Verstärkungswert* eines Reizes s für die Reaktion r zur Zeit t festsetzen:

(DAV) $\quad$ (s)(r)(t)(v(s,r,t) := p(r,t+e) - p(r,t))$
$\quad\quad\quad\quad -1 \leq v(s,r,t) \leq +1$

Es gelten folgende triviale Beziehungen:

(1) $\quad$ (s)(r)(t) (v(s,r,t) > 0 \leftrightarrow C^+srt - Fsrt)$
(2) $\quad$ (s)(r)(t) (v(s,r,t) > 0 \leftrightarrow C^-srt \,\&\, Esrt)$
(3) $\quad$ (s)(r)(t) (v(s,r,t) < 0 \leftrightarrow C^+srt \,\&\, Esrt)$
(4) $\quad$ (s)(r)(t) (v(s,r,t) < 0 \leftrightarrow C^-srt \,\&\, Fsrt)$
(5) $\quad$ (s)(r)(t) (v(s,r,t) = 0 \leftrightarrow SNsrt \,\&\, (Fsrt \vee Esrt))$.

(1), (2) und (5) folgen unmittelbar aus DAV und GOK1, GOK2 und SOK8. (3) und (4) haben empirischen Charakter und folgen aus DAV und SOK5 bzw. SOK6.

Komplikationen ergeben sich bei *kombinierter Verstärkerwirkung*. Wir haben bisher stillschweigend vorausgesetzt, daß zu einem bestimmten Zeitpunkt entweder ein positiver oder ein negativer Verstärker oder ein neutraler Reiz auf eine bestimmte Reaktion folgt. Es ist jedoch denkbar, daß z. B. mehrere Verstärker simultan angewendet werden. In kontrollierten Experimenten läßt sich so etwas noch relativ leicht ausschließen, im Alltag dürfte es die Regel sein.

Wir äußern erste Vermutungen über die kombinierte Wirkung zweier Reize auf eine bestimmte Reaktion zu einer bestimmten Zeit:

(DAV') $\quad (s_1)(s_2)(r)(t) \,(v(s_1 \cup s_2, r, t) = f(v(s_1, r, t), v(s_2, r, t))$.

f muß empirisch bestimmt werden, indem man u. a. ermittelt, was für folgende Paarungen gilt:

	$v(s_1,r,t)$		$v(s_2,r,t)$	Vermutungen $v(s_1 \cup s_2, r, t)$	
(a)	>0		>0	>0	
(b)	$>x$	$x>y$	$>y$	$>x$	$(x \neq 1)$
(c)	>0		$=0$	>0	
(d)	$>x$		$=0$	$>x$	$(x \neq 1)$
(e)	>0		<0	?	
(f)	$>x$		$<y$	$x+y$	$(x \neq 1, y \neq -1)$
(g)	$=0$		$=0$	$=0$	
(h)	$=0$		<0	<0	
(i)	$=0$		$<x$	$<x$	$(x \neq -1)$
(j)	<0		<0	<0	
(k)	$<x$	$x<y$	$<y$	$<x$	$(x, y \neq -1)$

Sekundäre Verstärkung

Beim klassischen Konditionieren wird ein ursprünglich in bezug auf eine bestimmte Reaktion neutraler Reiz durch hinreichend oftmalige Paarung mit einem unkonditionierten Reiz für diese Reaktion zu einem konditionierten Reiz. Ein vergleichbares Phänomen existiert auch für Verstärkerreize. »Die wiederholte Paarung eines Reizes und eines primären Verstärkers, wobei der Reiz dem primären Verstärker 0,5–1 sec vorangeht, ist ein wirksames Verfahren, um einen Reiz als sekundären Verstärker zu etablieren.« (KELLEHER 1966, 181)
Wir können das Gesetz der *sekundären Verstärkung* ganz in Analogie zum Gesetz des respondenten Konditionierens GKK formulieren, stoßen jedoch auf Schwierigkeiten, wenn wir den Begriff des *primären Verstärkers* explizieren wollen. Wenn der Verstärkerbegriff über die bedingten Definitionen DPV und DNV eingeführt wird, besteht zunächst zwischen einzelnen Verstärkern kein Unterschied. Erst durch allgemeine Verstärkerhypothesen können bestimmte Reize vor anderen ausgezeichnet werden. Wir wollen deshalb einen primären Verstärker als Reiz auffassen, der für alle Reaktionen und alle Zeitpunkte (u. U. auch bei allen Personen und in allen Situationen) Verstärkereigenschaft hat. Ob es derartige Reize beim Menschen tatsächlich gibt, ist eine empirische Frage. Eine exakte Abgrenzung primärer von sekundären Verstärkern setzt entsprechend gut bewährte Verstärkerhypothesen voraus.
Wir nehmen im folgenden an, es gäbe gut bestätigte universelle

Verstärkerhypothesen, so daß wir nicht auf DPV und DNV zurückgreifen brauchen. Dann läßt sich unmittelbar ein Gesetz der sekundären Verstärkung formulieren:

(GSV1) (s)(s')(r)(t)((Et')(Et$_1$)...(Et$_n$)(pC$^+$sr & SNs'rt' & t' < t$_1$
 < ... < t$_n$ < t & Zss' t$_1$ & ... & Zss' t$_n$) → C$^+$s'rt)

(GSV2) (s)(s')(r)(t)((Et')(Et$_1$)...(Et$_n$)(pC$^-$sr & SNs'rt' & t' <
 t$_1$ < ... < t$_n$ < t & Zss't$_1$ & ... & Zss't$_n$) → C$^-$s'rt) .

Der Begriff des *primären Verstärkers* ist dabei wie folgt definiert:

(DPC) (s)(r)(pC$^+$sr: ↔ (t)C$^+$srt)
 (s)(r)(pC$^-$sr: ↔ (t)C$^-$srt) .

n in GSV1 und GSV2 ist ebenso wie in GKK unbestimmt. n kann die Minimalzahl der für eine Änderung der Reizeigenschaft notwendigen Paarungen ausdrücken. Eine Quantifizierung führt zu einem GKKq vergleichbarem Gesetz:

(GSV1q) (s)(s')(r)(t)(u)((En)(Et')(Et$_1$)...(Et$_n$)(pC$^+$sr & n = g(u)
 & SNs'rt' & t' < t$_1$ < ... < t$_n$ < t & Zss't$_1$ & ... &
 Zss't$_n$) → v(s',r,t) = u > 0)

(GSV2q) (s)(s')(r)(t)(u)((En)(Et')(Et$_1$) ... (Et$_n$)(pC$^-$sr &
 n = f(u) & SNs'rt' & t' < t$_1$ < ... < t$_n$ < t & Zss't$_1$
 & ... & Zss't$_n$) → v(s',r,t) = u > 0) .

Beide Gesetze sind nicht ganz eindeutig. u kann verschiedene Werte annehmen je nachdem, ob s' auf r angewendet oder von r entfernt wird. In GSV1q und GSV2q ist vorausgesetzt, daß positive Verstärker angewendet und negative Verstärker entfernt werden. In vollständiger Schreibweise wird GSV1q zu:

(GSV1q') (s)(s')(r)(t)((u)((En)(Et')(Et$_1$))...(Et$_n$)(pC$^+$sr&n=g(u)
 & SNs'rt' & t' < t$_1$ < ... < t$_n$ < t & Zss't$_1$ & ... &
 Zss't$_n$) → (Fs'rt → v(s',r,t) = u > 0)) & (u')((En')(Et')
 (Et$_1'$)...(Et$_{n'}'$)(pC$^+$sr & n' = g'(u') & SNs'rt' & t' < t$_1'$
 < ... < t$_{n'}'$ < t & Zss't$_1'$ & ... & Zss't$_{n'}'$) → (Es'rt →
 v(s',r,t) = u' < 0))) .

Auf ein Anschreiben von GSV2q' wollen wir verzichten. Faßt man GSV1 und GSV2 zusammen, indem man einen unspezifischen Verstärkerbegriff definiert

(DV) (s)(r)(t)(Csrt: ↔ C$^+$srt v C$^-$srt)
 (s)(r) (pCsr: ↔ pC$^+$sr v pC$^-$sr) ,

so erhält man

(GSV) (s) (s') (r) (t) ((Et') (Et$_1$) ... (Et$_n$) (pCsr & SNs'rt' & t' < t$_1$ < ... < t$_n$ < t & Zss't$_1$ & ... & Zss't$_n$) → Cs'rt) .

GSV ist mit dem Gesetz des klassischen Konditionierens strukturell identisch. Ersetzt man in GSV »pCsr« durch »USsr«, »SNs'rt'« durch »NSs'rt'« und »Cs'rt« durch »CSs'rt«, so erhält man GKK. Es liegt deshalb nahe, den Vorgang der Umwandlung eines neutralen Reizes in einen sekundären Verstärker als klassischen Konditionierungsvorgang zu deuten bzw. mit Hilfe von GKK und den genannten Ersetzungen zu erklären.

Andererseits sind GSV und GKK nur empirische Generalisierungen, die jeweils einen bestimmten Vorgang in einem allgemeinen Bedingungssatz kennzeichnen. Eine Erklärung des Vorgangs selbst wird in beiden Fällen nicht gegeben. Die Frage, warum es durch eine entsprechend oftmalige Paarung zu den beschriebenen Änderungen kommt, wird weder in GKK, noch in GSV beantwortet. Die strukturelle Äquivalenz beider Gesetzesannahmen läßt aber erwarten, daß beide Vorgänge in derselben oder zumindest ähnlichen Weise erklärt werden können.

Abgesehen von diesen Problemen einer theoretischen Erklärung der Verhaltensgesetze stellen sich bei einer empirischen Erklärung von Ereignissen mit Hilfe der Gesetze der sekundären Verstärkung weitere Probleme.

Um eine bestimmte Verstärkereigenschaft eines Reizes für eine bestimmte Reaktion zu einer bestimmten Zeit zu erklären, muß zunächst festgestellt werden, ob es sich bei dem Reiz um einen primären Verstärker handelt. Das läßt sich relativ leicht ermitteln, wenn man über ein Verzeichnis aller primären Verstärker für eine Spezies verfügt. Ein derartiges Verzeichnis kann als tabellarische Übersicht über universelle Verstärkerhypothesen gedeutet werden. Die Aufnahme eines Reizes in dieses Verzeichnis hängt von den Resultaten der Überprüfung der entsprechenden Verstärkerhypothese ab.

DPC ergibt für einen bestimmten Reiz a:

$$(r) (pC^+ar: \leftrightarrow (t) C^+art)$$
$$(r) (pC^-ar: \leftrightarrow (t) C^-art) \quad .$$

Man hat zunächst zu prüfen, ob a positiv oder negativ verstärkende Wirkung hat. Nehmen wir an, a verstärke positiv. Vermuten wir weiter, daß es sich bei a um einen primären positiven Verstärker handelt, so ist folgende Verstärkerhypothese zu testen:

$$(r)(t) C^+art \quad .$$

Wenn sich bei einer Reihe strenger Falsifizierungsversuche ergeben sollte, daß a für alle geprüften Reaktionen und Zeitpunkte als positiver Verstärker fungiert, kann die Annahme, es handele sich bei a um einen primären Verstärker, als gut bewährt gelten. In diesem Fall sind die Gesetze der sekundären Verstärkung für die Erklärung der Verstärkereigenschaft irrelevant.

Ergibt sich bei der Prüfung der Verstärkerhypothese, daß a nur für bestimmte Reaktionen und nicht zu allen Zeiten als positiver Verstärker wirkt, kann man davon ausgehen, daß es sich bei a um einen sekundären Verstärker handelt. Besonders dann, wenn ein Reiz bei einer Person als positiver Verstärker und bei einer anderen als neutraler Reiz wirkt, liegt diese Annahme nahe. Unter diesen Umständen muß sich ein Erklärungsversuch auf die Gesetze der sekundären Verstärkung beziehen.

Um zu erklären, warum ein Reiz a ein positiver Verstärker für eine Reaktion b zum Zeitpunkt c ist, kann man auf die qualitative Gesetzesaussage GSV1 zurückgreifen. Ein strukturell korrektes Erklärungsargument hat folgende Gestalt:

(EA10) $\quad G_1 : \text{GSV1}$
$\quad\quad\quad G_2 : pC^+db$
$\quad\quad\quad G_3 : \text{SNabc}'$
$$\frac{A_1 : Zdac_1 \,\&\, \ldots \,\&\, Zdac_n \,\&\, c' < c_1 < \ldots < c_n < c}{E \;\;: C^+abc}$$

Wir haben in EA10 die Verstärkerhypothesen nicht wie sonst als Antezendensbedingungen, sondern als Gesetzesannahmen angeschrieben. Ihre Geltung ist eine der wesentlichsten Voraussetzungen für die Erfüllung der Adäquatheitsbedingungen korrekter Erklärungen und Vorhersagen.

Die Erklärung des im Explanandum beschriebenen Ereignisses ist immer dann möglich, wenn einmal d in dem genannten Verzeichnis primärer Verstärker aufgeführt wird und a zum Zeitpunkt c' als neutraler Reiz für b identifiziert werden kann und zum anderen die Paarung von d und a zu den Zeitpunkten $c_1, \ldots, c_n$ registriert worden ist. Das dürfte aber außerhalb des Laboratoriums ohne entsprechende Bedingungskontrolle unmöglich sein. Eine nachträgliche Rekonstruktion der im Explanans beschriebenen Vorgänge kann nicht gelingen, wenn man erst zum Zeitpunkt c mit der Beobachtung von a und b beginnt.

Wir stehen hier wie auch bei den anderen Erklärungsargumenten vor einem für die Verhaltenstheorie typischen Phänomen: korrekte Erklärungen und Vorhersagen unterscheiden sich kaum noch in den pragmatischen Umständen. Eine korrekte Erklärung erfordert in diesem Bereich alle Schritte, die auch bei einer korrekten Prognose unternommen werden müssen. Man geht bei der Erklärung zwar noch immer vom Explanandum aus, muß aber über die Daten für das Explanans bereits verfügen. Die Sätze, aus denen das Explanans besteht, werden aus dem schon vorhandenen Beobachtungsbericht nur noch extrahiert, die entsprechenden Ereignisse nicht mehr nachträglich erschlossen und überprüft. Die Daten, auf die man sich stützen kann, wenn man ein Verhaltensereignis erklären will, und die schon vor dem Eintritt des im Explanandum beschriebenen Ereignisses registriert worden sind, müssen ausreichen, um das entsprechende Ereignis vorherzusagen. Der einzige Unterschied zwischen Erklärung und Prognose besteht darin, daß bei einer Prognose das Explanandum erst aus dem gegebenen Explanans abgeleitet wird, während es bei einer Erklärung schon zusammen mit einem Rahmenexplanans (dem Beobachtungsbericht, aus dem das eigentliche Explanans zu extrahieren ist) gegeben ist.

Diese Voraussetzungen machen eine korrekte Erklärung und Prognose sekundärer Verstärkereigenschaften von Umweltreizen faktisch unmöglich. Es ist nicht einmal sicher, ob sich unsere Alltagsrealität in »Reize« auflösen läßt oder ob dem wissenschaftssprachlichen Reizbegriff nur unter kontrollierten Bedingungen eine präzise Bedeutung verliehen werden kann. Auf jeden Fall gilt für Alltagsrealität als »natürliche« Umwelt, daß eine korrekte Warum-Erklärung von Reiz-Reaktionsbeziehungen vom Typ »Csrt« faktisch unmöglich ist und nur eine Wie-es-möglich-war, daß-Erklärung gegeben werden kann. An die Stelle einer Rekonstruktion des tatsächlich für ein konkretes Explanandum zutreffenden Explanans tritt die Angabe einer Reihe potentieller Explanantien, die bestenfalls plausibel gemacht werden können und erklären, wie es möglich war, daß ein Reiz s ein sekundärer Verstärker für eine Reaktion r zur Zeit t werden konnte.

Das Prinzip der sekundären Verstärkung läßt sich zu einer ganzen *Hierarchie von Verstärkern* ausweiten. Man könnte analog zu den konditionierten Reizen i-ter Stufe von *Verstärkerreizen i-ter Stufe* sprechen oder – allgemeiner – von *Verstärkern (k_1, ... , k_n)-ter Stufe*, je nach der Stufe der Verstärker, mit denen ein Reiz gepaart auftrat. Primäre Verstärker wären dann Verstärker 0-ter Stufe, sekundären Verstärkern würde die 1-te Stufe zugeordnet usf. Wir können uns diese Extrapolation der Verstärkeigenschaft ersparen. Sie erfolgt analog zur Einführung des Begriffs des konditionierten Reizes i-ter bzw. ($k_1, \ldots, k_n$)-ter Stufe und unterstreicht nur die Konsequenzen, die sich aus den Gesetzen der sekundären Verstärkung für die Möglichkeit und Voraussetzungen korrekter Erklärungen und Prognosen ergeben haben.

Eine genaue Festlegung der Stufe eines Verstärkerreizes erfordert, wenn der Reiz nicht vor Eintritt des zu erklärenden Ereignisses unter Kontrolle stand, die Überprüfung einer unübersehbaren Menge alternativer Möglichkeiten. Eine korrekte Erklärung und Prognose könnte unter Umständen eine *Rekonstruktion der gesamten Verhaltensgeschichte eines Individuums* bis zu dem Zeitpunkt notwendig machen, an dem nur primäre Verstärker für das Individuum existieren. Das ist allerdings ein Erfordernis, das sich auch bei Experimenten in kontrollierter Umgebung stellen kann.

Eine *Entwicklungspsychologie* wird, will sie über Deskription und korrelative Zusammenhänge hinaus zu Sukzessionsgesetzen der Entwicklung vordringen, nicht umhin können, das Experiment gezielter zu einer möglichst lückenlosen und umfassenden Bestandsaufnahme der während der Entwicklung ablaufenden Vorgänge einzusetzen. Eine korrekte Erklärung und Prognose bestimmter Entwicklungsprozesse würde allerdings das Aufwachsen in einer völlig kontrollierten Umgebung erfordern. Das verbietet sich schon aus ethischen Gründen. Außerdem würde man heute die Verhaltenstechnologie mit einem derartigen Projekt noch überfordern. Interessante Ansätze einer *verhaltenstheoretischen Entwicklungspsychologie* liegen bereits vor (BIJOU 1955, 1957; BIJOU & BAER 1961, 1966, 1967).

Generalisierung

Weitere Komplikationen für eine korrekte Erklärung von Verhaltensereignissen bringt das Phänomen der *Generalisierung* (SKINNER 1953, s.a. FOPPA 1965). Wenn man einen ursprünglich neutralen Reiz durch respondentes (klassisches) Konditionieren in einen bedingten Reiz für eine bestimmte Reaktion umwandelt, ist zu beobachten, daß diesem Reiz ähnliche Reize ebenfalls in der Lage sind, die bedingte Reaktion – wenn auch mit geringerer Wahrscheinlichkeit – auszulösen, obwohl sie nicht zusammen mit dem unbedingten Reiz für diese Reaktion aufgetreten sind. Es ist in diesem Fall zu einer Generalisierung vom bedingten auf ihm ähnliche Stimuli gekommen. Je

ähnlicher beide Reize, umso geringer auch die Differenz in der bedingten Auftrittswahrscheinlichkeit der Reaktion.
Wir können also definieren:

(DG) $(s)(s')(r)(t)(Gs'srt : \leftrightarrow ((CSs'rt \,\&\, \neg CSsrt$
$\&\, p(r/s',t) > p(r/s,t) > 0) \lor (USs'rt \,\&\, \neg CSsrt$
$\&\, p(r/s,t) > 0))$.

Wenn wir eine zweistellige *kategoriale Ähnlichkeitsrelation* »Ä« einführen, können wir folgende Gesetze formulieren:

(GG1) $(s)(s')(r)(t)(CSs'rt \,\&\, \neg CSsrt \,\&\, Äss' \rightarrow Gs'srt)$
(GG2) $(s)(s')(r)(t)(USs'r \,\&\, \neg CSsrt \,\&\, Äss' \rightarrow Gs'srt)$.

Es wird natürlich vorausgesetzt, daß s kein unbedingter Reiz ist
Eine Quantifizierung erfordert einen *quantitativen Ähnlichkeitsbegriff*:
$ä(s,s') = v$.

(DGq) $(s)(s')(r)(t)(w)(g(s',s,r,t) = w \rightarrow (\neg USsr \,\&\, \neg CSsrt$
$\&\, p(r/s,t) = w \,\&\, ((CSs'rt \,\&\, p(r/s',t) > w) \lor US'r)))$
(GG1q) $(s)(s')(r)(t)(u)(v)(Ew)(CSs'rt \,\&\, \neg CSsrt \,\&\, \neg USsr$
$\&\, p(r/s',t) = u \,\&\, ä(s,s') = v \rightarrow g(s',s,r,t) = w =$
$= f(u,v) < u)$
(GG2q) $(s)(s')(r)(t)(v)(Ew)(USs'r \,\&\, \neg CSsrt \,\&\, \neg USsr$
$\&\, ä(s,s') = v \rightarrow g(s',s,r,t) = w = f(1,v) < 1)$.

Grundlegend ist in diesem Zusammenhang der Ähnlichkeitsbegriff in seinen verschiedenen Varianten. Komplexere Ähnlichkeitsbegriffe erlauben die Formulierung komplexerer Generalisierungsgesetze. Wenn z. B. ein Reiz s_1 einem Reiz s' ähnlicher ist als ein Reiz s_2 und s' auf s_1 und s_2 generalisiert, so ist zu erwarten, daß die betreffende Reaktion eher auftritt, wenn s_1 gegeben ist, als wenn s_2 vorliegt, d. h.

(SG) $(s')(s_1)(s_2)(r)(t)(Gs's_1rt \,\&\, Gs's_2rt \,\&\, Äs's_1s_2$
$\rightarrow p(r/s_1,t) > p(r/s_2,t))$.

Um auf einen bestimmten Reiz die Gesetze der Generalisierung anwenden zu können, muß dieser Reiz erst einmal als genaralisierter Stimulus identifiziert werden. Das ist nicht ohne weiteres möglich, da zunächst nur die Auftrittswahrscheinlichkeit der betreffenden Reaktion unter der Bedingung, daß der Reiz gegeben ist, als bekannt angenommen werden kann. Ob es sich bei dem Reiz um einen bedingten, generalisierten oder kontrollierenden Stimulus handelt, läßt die Auftrittswahrscheinlichkeit allein nicht erkennen. Um überhaupt zwischen kontrollierenden auf der einen und bedingten bzw.

generalisierten Reizen auf der anderen Seite unterscheiden zu können, muß ermittelt werden, ob es sich bei der Reaktion um eine operant oder respondent konditionierte Verhaltensweise handelt. Wenn es um eine im Laboratorium induzierte Reaktion geht, fällt die Entscheidung nicht schwer. Ohne die Kenntnis der Vorgeschichte der Reaktion ist eine eindeutige Zuordnung gar nicht einfach. Nach erfolgter Zuordnung sind für klassisch konditionierte Reaktionen die bedingten von den generalisierten Reizen zu trennen. Dabei stellen sich alle Probleme, auf die wir bei der Diskussion des respondenten Konditionierens hingewiesen haben, von neuem. Unter nicht kontrollierten Bedingungen, ohne genaue Kenntnis der Reiz- und Reaktionsvorgeschichte ist eine Trennung nur noch in seltenen Fällen, wenn überhaupt, möglich; aber auch dann würden sich einem Erklärungsversuch unüberwindliche Schwierigkeiten entgegenstellen.

Es zeigt sich einmal mehr, daß in den meisten Fällen, in denen es um die Erklärung von Alltagsverhalten geht, nicht einmal deutlich gemacht werden kann, um welche Art von Verhalten (operant, respondent) es sich dabei handelt und welche Gesetzesannahmen für eine Erklärung in Frage kommen. Damit steigert sich die Zahl zulässiger Wie-es-möglich-war, daß-Erklärungen ins Unermeßliche.

Weitere Komplikationen sind unvermeidlich, wenn man berücksichtigt, daß auch Verstärkereigenschaften generalisieren können. Sind bestimmte ursprünglich neutrale Reize durch entsprechend oftmalige Paarung mit primären Verstärkern selbst zu Verstärkern geworden, kann diese Eigenschaft auf dem sekundären Verstärker ähnliche Reize generalisieren. Auch bei Reaktionen kommen Generalisierungsphänomene vor. Wir wollen darauf verzichten, diese Verhaltensereignisse und entsprechende Gesetzesannahmen zu formulieren. Wir hoffen, daß aus den bisherigen Darlegungen deutlich geworden ist, wie aussichtslos ein Erklärungsversuch für Alltagsverhalten ist.

Zusammenfassung und erste Folgerungen

Wir haben in einer logischen und wissenschaftstheoretischen Analyse der allgemeinen Verhaltenstheorie eine systematische Rekonstruktion ihrer zentralen Kategorien und Gesetzesaussagen versucht. Dabei hat sich gezeigt, daß man mit nur fünf Grundbegriffen auskommt:

1. dem Funktionsbegriff der *Auftrittswahrscheinlichkeit* einer Reaktion r zu einem Zeitpunkt t bzw. dem Begriff der Auftrittswahrscheinlichkeit einer Reaktion r, wenn ein Reiz s gegeben ist, zum Zeitpunkt t (p(r,t) bzw. p(r/s,t));
2. dem Relationsbegriff des *gemeinsamen Vorkommens* eines Reizes s und eines Reizes s' zu einem Zeitpunkt t (Zss't);
3. dem Relationsbegriff des *Folgens* eines Reizes s auf eine Reaktion r zu einem Zeitpunkt t (Fsrt);
4. dem Relationsbegriff des *Entfernens* eines Reizes s von einer Reaktion r zu einem Zeitpunkt t (Esrt);
5. dem Begriff der *Ähnlichkeit* zweier Reize s und s' (Äss' bzw. ä(s,s')).

Eine vollständige, alle relevanten Dimensionen berücksichtigende Formulierung hätte zusätzlich Person- und Situationsparameter einzubeziehen (z.B. Fsrupt oder Esrupt).

Diese fünf Grundbegriffe reichen aus, um zusammen mit einschlägigen logischen und mathematischen Begrifflichkeiten alle weiteren verhaltenstheoretischen Termini zu definieren und die Gesetzesaussagen zu formulieren.

Die Frage nach dem *Gegenstand der Verhaltenstheorie* ist jetzt leicht beantwortbar. Man braucht zu diesem Zweck nur den *Objektbereich*, über den in dieser Theorie Aussagen gemacht werden, zu betrachten. Eine Kennzeichnung des Objektbereiches einer Theorie wird durch die Variablen, die in den Definitionen und Gesetzesaussagen vorkommen, gegeben. *Der Objektbereich der Verhaltenstheorie enthält Reaktionen* (Verhaltensweisen), *Reize, Zeitpunkte, Personen, Situationen und Zahlen.* Die fünf Grundbegriffe geben an, welche Funktionen und Attribute über diesem Objektbereich erklärt sind. *Das Ziel der Verhaltenstheorie ist die Erklärung und Prognose von bedingten Auftrittswahrscheinlichkeiten von Reaktionen.* Das ergibt sich aus der Tatsache, daß alle verhaltenstheoretischen Erklärungs- und Vorhersageargumente im Explanandum Aussagen über bedingte Auftrittswahrscheinlichkeiten machen. Im einfachsten Fall geht es um die Wahrscheinlichkeit einer Reaktion zu einem bestimmten Zeitpunkt bzw. in Gegenwart bestimmter Reize. Explananda können aber auch Aussagen über die Beziehung zwischen Auftrittswahrscheinlichkeiten machen. Komplexere Verhaltensereignisse, z.B. Diskrimination, können als typische Veränderungsmuster von Auftrittswahrscheinlichkeiten begriffen und durch entsprechende Zerlegung in einzelne Phasen innerhalb der Verhaltenstheorie erklärt werden.

Wir können verallgemeinern: *Gegenstand einer Theorie sind die Elemente ihres Objektbereiches und die darüber erklärten Funktionen und Attribute.* Die Elemente werden durch die Variablenarten, die Funktionen und Attribute durch die Grundbegriffe der Theorie gekennzeichnet. *Ziel der Theorie ist die korrekte Erklärung und Prognose der innerhalb der Theoriesprache ausdrückbaren Ereignisse.*

Die Analyse des Verstärkerbegriffs hat gezeigt, daß die Teile der Verhaltenstheorie, die den Verstärkerbegriff wesentlich enthalten, solange nicht falsizierbar sind, wie man nicht über gut bewährte allgemeine Verstärkerhypothesen verfügt. Wird die bedingte Definition des Verstärkerbegriffs (DPV und DNV) beibehalten, werden Gesetzesannahmen zu Korrelaren von Definitionen, Erklärungen zirkulär und Prognosen unmöglich.

SKINNERS Forderung:

»Der einzige Weg zur Bestimmung, ob ein gegebenes Ereignis verstärkend für einen gegebenen Organismus unter gegebenen Bedingungen ist, führt über einen direkten Test. Wir beobachten die Häufigkeit einer ausgewählten Reaktion, bringen dann das Ereignis mit ihr in Zusammenhang und stellen jede Veränderung in der Auftrittshäufigkeit fest. Wenn es zu einer Veränderung kommt, klassifizieren wir das Ereignis als verstärkend für den Organismus unter den gegebenen Bedingungen.« (1953, 72f)

muß aufgegeben werden. Sie enthält implizit die Annahme

$$(s)(u)(p)((Er)(Et) \text{ Csrupt} \rightarrow (r)(t) \text{ Csrupt}) \quad ,$$

d. h., wenn ein Reiz s bei einer Person p in der Situation u für eine ganz bestimmte Reaktion und zu einem ganz bestimmten Zeitpunkt Verstärkereigenschaft hat, so hat dieser Reiz für alle Reaktionen und alle Zeitpunkte Verstärkereigenschaft für die Person in der betreffenden Situation.

Diese Annahme ist bereits eine Verstärkerhypothese. Sie drückt aus, daß alle Verstärker transreaktional und transterminal, also reaktions- und zeitunabhängig sind. Die Zeitunabhängigkeit gilt sicherlich nicht für sekundäre Verstärker, so daß SKINNERS Forderung auf primäre Verstärker eingeschränkt werden muß. Dann ist sie aber fast trivial, da die Zeitunabhängigkeit in die Definition des primären Verstärkers eingeht. Andererseits reicht für die Kennzeichnung eines Verstärkers als primär nicht eine einzige Prüfung aus. Bei einem beliebigen Reiz weiß man ja nicht, um welchen Verstärkertyp es sich handelt. Erst eine ganze Reihe strenger Prüfungen bewähren eine primäre Verstärkerhypothese.

SKINNERS Anweisung ist also bestenfalls als Anweisung für die Überprüfung einer Verstärkerhypothese interpretierbar. Die in seiner

Aussage implizierte Zeit- und Reaktionsunabhängigkeit der Verstärkereigenschaft kann in einer einmaligen Prüfung nicht erwiesen werden und muß für jeden Reiz, jede Person und jede Situation jeweils neu gesichert werden.
Das dürfte letztlich dazu führen, daß man alle primären Verstärker als solche auszeichnet und alle übrigen Verstärkerreize, über die in Erklärungs- und Vorhersageargumenten Aussagen gemacht werden, nicht mehr einem direkten Test entsprechend DPV bzw. DNV unterwirft, sondern die Genese der Verstärkereigenschaft innerhalb der Reiz-Reaktionsgeschichte des jeweiligen Individuums bis zu dem Zeitpunkt verfolgt, an dem der ursprünglich neutrale Reiz erstmals mit primären bzw. bereits etablierten Verstärkern anderer Stufen zusammen auftritt.
Auf diese Weise wird für jedes einzelne Individuum über die *idiographischen Verstärkerhypothesen* zusammen mit den Gesetzesannahmen der allgemeinen Verhaltenstheorie eine *idiographische Theorie* konstruiert, die das Wie und das Warum der Verhaltensgeschichte dieses Individuums zu ihrem Inhalt hat. Die Gesetzesaussagen sind das nomothetische, die zumindest personspezifischen Verstärkerhypothesen das idiographische Moment einer derartigen *Individualtheorie*. Die allgemeine Verhaltenstheorie enthält neben den Gesetzesannahmen nur die Grundbegriffe für die einzelnen Individualtheorien, die idiographischen Verstärkerhypothesen müssen für jedes Individuum jeweils neu behauptet und geprüft werden.
Diese Verschränkung des *nomothetischen* mit dem *idiographischen* Ansatz ist charakteristisch für die SKINNERsche Verhaltenstheorie, die deshalb eher als ein *Rahmen für die Konstruktion derartiger Individualtheorien* verstanden werden kann, denn als eigenständige Theorie im strengen Sinne.
Wir haben weiter gezeigt, daß die Prüfbarkeit der Gesetzesannahmen die Existenz allgemeiner Verstärkerhypothesen voraussetzt. Abgesehen vielleicht von primären Verstärkern sind Verstärker zumindest personspezifisch. *Daraus erfolgt aber, daß eine strenge Prüfung der Verhaltensgesetze nur im Rahmen konkreter Individualtheorien möglich ist.* Bei entsprechenden Forschungsbemühungen kommt es deshalb weniger auf die Zahl untersuchter Individuen an, als vielmehr auf die sorgfältige Rekonstruktion der Verhaltensgeschichte und die weitgehende Kontrolle der künftigen Verhaltensentwicklung der untersuchten Individuen. Das mag auch ein Grund für die Abneigung SKINNERS gegen statistische Verfahren sein (s. d. SKINNER 1963, 1966). In der Tat ist für eine Prüfung seiner Theorie die intensive

Untersuchung eines Individuums ungleich wichtiger als die oberflächliche Untersuchung einer noch so großen Personenzahl.

Als Methode der Wahl hat sich für die Verhaltenstheorie die experimentelle Methode herausgestellt. Ohne völlige Kontrolle der relevanten Bedingungen sind korrekte Erklärungen und Prognosen nicht möglich. Die sonst zwischen Erklärungen und Prognosen bestehenden pragmatischen Unterschiede werden innerhalb der Verhaltenstheorie nivelliert. Der einzige Unterschied liegt noch darin, daß bei einer Prognose das Explanandum erst gewonnen wird, während es bei einer Erklärung den Ausgangspunkt bildet. Das Explanans muß in beiden Fällen bereits vorliegen. Ohne detaillierte Kenntnis der Reiz- und Reaktionsvorgeschichte ist an eine korrekte Erklärung von Verhaltensereignissen nicht zu denken. Eine nachträgliche Rekonstruktion des Explanans und seine darauf folgende Überprüfung werden angesichts der Komplexität und Mehrdeutigkeit der zu berücksichtigenden Zusammenhänge zu einem aussichtslosen Unterfangen. Ex post facto Forschung hat innerhalb der Verhaltenstheorie keine Bedeutung.

Das hat Konsequenzen für den Gegenstand der Verhaltenstheorie und erfordert eine weitere Einengung auf die in experimentellen Anordnungen unter Kontrolle der relevanten Bedingungen induzierten und induzierbaren Verhaltensereignisse. Eine Übertragung auf Verhalten in natürlicher, d. h. zugleich unkontrollierter, nichtprogrammierter Umgebung ist nur per Analogieschluß möglich, ohne daß die Analogierelation auf ihr Zutreffen hin überprüft werden kann. Außerdem begibt man sich beim Übergang auf Verhalten in natürlicher Umwelt der Möglichkeit, korrekte wissenschaftliche Erklärungen und Prognosen zu geben, die Antworten auf Warum-Fragen sein wollen. Man kommt über eine Anzahl (potentiell unendlich viele) alternativer Wie-es-möglich-war,daß-Erklärungen, die im günstigsten Fall mehr oder weniger plausibel gemacht werden können, nicht hinaus. Das heißt aber: *eine wissenschaftliche Erklärung und Prognose von Alltagsverhalten ist* – zumindest innerhalb der Verhaltenstheorie und beim gegenwärtigen Stand der Realisierung einer Verhaltenstechnologie im Alltag – *nicht möglich.*

Eine grundsätzliche Schwierigkeit, die sich auch bei der Untersuchung von Verhaltensereignissen unter Laborbedingungen stellt, hängt mit dem Begriff der Auftrittswahrscheinlichkeit einer Reaktion unter bestimmten Bedingungen zusammen. »Wahrscheinlichkeit« ist kein Beobachtungsbegriff, so daß einer bestimmten Reaktion nicht unmittelbar zu einem bestimmten Zeitpunkt eine bestimmte Auftritts-

wahrscheinlichkeit zugeordnet werden kann. Aussagen über Auftrittswahrscheinlichkeiten von Reaktionen beschreiben keine Ereignisse im engeren Sinne des Wortes, sondern sind Sätze, die mit dem Begriff der Wahrscheinlichkeit einen *theoretischen Term* enthalten, der durch entsprechende *Zuordnungsregeln* interpretiert werden muß. *Es handelt sich bei der Verhaltenstheorie also um eine deterministische Theorie probabilistischer Beziehungsaussagen.*
Über geeignete Zuordnungsregeln könnte der Begriff der Wahrscheinlichkeit einer Reaktion mit dem Begriff der *Reaktionsrate* bzw. *Reaktionshäufigkeit* in Verbindung gebracht werden. Reaktionsraten kann man messen, indem man in einem festgelegten Zeitraum die Häufigkeit des Auftretens der betreffenden Reaktion bestimmt. Die Festlegung des Zeitraums enthält ein konventionalistisches Element. Sie wird dann problematisch, wenn es um reizkontrollierte Reaktionen geht, bei denen weniger die Zeitspanne, als vielmehr die Häufigkeit des Auftretens der kontrollierenden bzw. bedingten und unbedingten Reize für eine Messung der bedingten Auftrittswahrscheinlichkeit von Bedeutung sind.

Diese Meßprobleme sind noch weitgehend ungelöst. Bei Tierversuchen in kontrollierten Umgebungen, die nur wenige Reize bieten und die Spielbreite des Verhaltens eng begrenzen, können einzelne Reaktionen relativ leicht isoliert untersucht werden. Eine Aufzeichnung mit dem *kumulativen Recorder* (SKINNER 1961) ist dann kein Problem. In Humanexperimenten ist für eine vergleichbare Aufzeichnung bereits ein erheblicher verhaltenstechnologischer Aufwand erforderlich.

Das zeigt einmal mehr, wie aussichtslos Erklärungsversuche für Verhalten in natürlicher Umgebung sind. Es können, da bei fehlender Kontrolle eine Reaktionsratenbestimmung undurchführbar ist, nicht einmal Explananda in den Termini der Verhaltenstheorie formuliert werden.

Die Verhaltenstheorie C. L. Hulls

Um dem Vorwurf zu entgehen, bei den im letzten Abschnitt gewonnenen Resultaten handele es sich um theoriespezifische Ergebnisse, die auf Verhaltenstheorie allgemein nicht ausgedehnt werden könnten, wollen wir unsere Behauptungen an einer weiteren Verhaltenstheorie, dem System von C. L. HULL (1964), überprüfen.[12] Diese Konzeption ist als hypothetisch-deduktives System so weit präzisiert, daß eine Symbolisierung unmittelbar vorgenommen werden könnte. Wir beziehen uns auf die zusammenfassende Darstellung der letzten Version der HULLschen Theorie, wie sie HILGARD & BOWER (1971, 190) vorgelegt haben.

Die Theorie enthält folgende *unabhängige Variablen*:

- N   Anzahl der vorangegangenen Verstärkungen
- C_D Antriebsbedingung
- S   Reizintensität
- w   Menge (Gewicht) der Belohnungssubstanz
- $_sH_r$ Stärke der Gewohnheit, die durch Konditionierung derselben Reaktion auf einen anderen Reiz entsteht
- W   mit der Reaktion verbundene körperliche Anstrengung

Die *intervenierenden Variablen* des Systems lassen sich in drei Gruppen aufteilen:

(a) intervenierende Variablen, die direkt mit den unabhängigen Variablen in Beziehung stehen;
(b) intervenierende Variablen, die nur mit intervenierenden Variablen in Beziehung stehen;
(c) intervenierende Variablen, die direkt mit den abhängigen Variablen in Beziehung stehen.

Zur ersten Gruppe gehören:

- $_sH_r$ Gewohnheitsstärke
- D   Antrieb
- V   Reizstärkendynamik
- K   Anreizmotivation
- $_s\overline{H}_r$ von einer verwandten Gewohnheit herrührende Gewohnheitsstärke
- I_r reaktive Hemmung
- $_sI_r$ konditionierte Hemmung

zur zweiten Gruppe

- $_sE_r$ Reaktionspotential
- $_s\underline{E}_r$ generalisiertes Reaktionspotential
- $_s\dot{I}_r$ akkumuliertes Hemmungspotential

und zur dritten Gruppe

- $_s\overline{E}_r$ resultierendes Reaktionspotential
- $_sO_r$ Oszillation des Reaktionspotentials
- $_sL_r$ Reaktionsschwelle

$_sI_r$, $_sO_r$, $_sL_r$ sind nur den anderen Variablen ihrer Gruppe zugeordnet, stehen aber weder mit abhängigen, noch mit unabhängigen Variablen in Verbindung und bezeichnen weitgehend autonome Größen. Das HULLsche System kennt drei *abhängige Variablen*, die verschiedene Aspekte einer Reaktion betreffen:

$_st_r$ Latenzzeit der Reaktion
A   Reaktionsamplitude
n   Anzahl der bis zur Extinktion nicht verstärkten Reaktionen

Die Beziehungen zwischen diesen Variablen werden aus folgendem Schema deutlich:

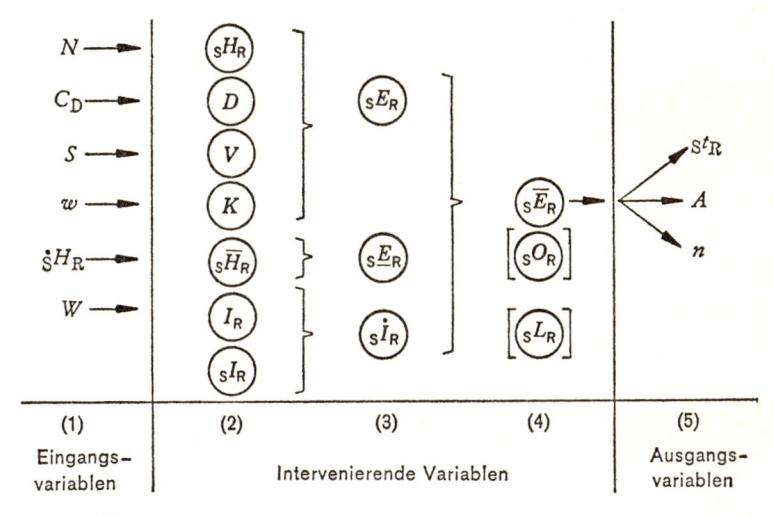

Abb. 1: Übersicht über die letzte Fassung von Hulls System (Aus: Hilgard, E.R. & Bower, G.H., Theorie des Lernens I. Stuttgart, Klett 1971).

Sämtliche Variablen des Systems sind quantitative Konzepte, die in ihren Werten u. a. zeit- und personenabhängig sind. Wir wollen auf eine Formalisierung der Theorie von HULL verzichten. Für die sehr ähnliche Konzeption von SPENCE (1956) findet sich eine Symbolisierung und ausführliche Darstellung des Prüfprozesses für derartige Theorien bei WESTMEYER (1972).

Schon eine erste Inspektion des Schemas läßt erkennen, daß für das HULLsche System alle Behauptungen gelten, die am Beispiel der allgemeinen Verhaltenstheorie SKINNERs abgeleitet wurden. Die unabhängigen Variablen N und $_s^.H_r$ können nur gemessen werden, wenn die einschlägige Verhaltensgeschichte des Individuums (bei HULL sind das meist Ratten und Mäuse) bekannt ist. Die Anzahl der vorangegangenen Verstärkungen (N) läßt sich noch vergleichsweise einfach ermitteln, da zu diesem Zweck nur eine einzige Reiz-Reaktionsbeziehung betrachtet werden muß. Die Stärke der Gewohnheit, die durch Konditionierung derselben Reaktion auf einen anderen Reiz ($_sH_r$) entsteht, ist nur dann bestimmbar, wenn man einmal den anderen Reiz bzw. die anderen Reize identifiziert und zum anderen entsprechende Kenntnis ihrer Konditionierungsgeschichte hat.

Das alles sind Voraussetzungen, die nur bei Kontrolle der relevanten Bedingungen erfüllbar sind. In natürlicher Umgebung lassen sich die notwendigen Messungen nicht durchführen. Auch die übrigen Eingangsvariablen sind für Alltagsrealität nur schwer bestimmbar. Am ehesten könnte man noch die Menge der Belohnungssubstanz (w) festlegen, aber selbst das nur, wenn es sich um eine Substanz handelt. Bei sozialen Verstärkern wäre man hilflos. Übrigens auch im Labor.

Die abhängigen Variablen $_st_r$, A und n lassen sich unter Umständen, je nach der Meßvorschrift, auch für Reaktionen in natürlicher Umgebung bestimmen. Eine Vorhersage der Werte ist aber nicht möglich, da die Eingangsvariablen nicht für Verhalten in natürlicher Umwelt vollständig bestimmt werden können. *Daraus folgt bereits, daß jeder Erklärungsversuch für Alltagsverhalten im Rahmen des HULLschen Systems von vornherein zum Scheitern verurteilt ist.* Aber auch die einzelnen Gesetzesannahmen machen eine ex post facto Erklärung aussichtslos. Für einen bestimmten Wert in den Ausgangsvariablen als Explanandum gibt es unendlich viele mögliche Explanantien, zwischen denen keine Entscheidung mehr getroffen werden kann, wenn nicht die Entwicklungsgeschichte dieser und verwandter Reiz-Reaktionsbeziehungen bekannt ist.

Wir sehen, daß auch in der HULLschen Verhaltenstheorie die experimentelle Methode und die Kontrolle der relevanten Bedingungen Voraussetzung für die Möglichkeit korrekter wissenschaftlicher Erklärungen und Prognosen sind. *Für Verhalten in natürlicher Umgebung können nur Wie-es-möglich-war, daß-Erklärungen gegeben werden.*

Der Gegenstand der HULLschen Verhaltenstheorie sind Reaktionen, genauer, drei Aspekte von Reaktionen: Reaktionslatenz, Reaktionsamplitude und Anzahl der bis zur Extinktion nichtverstärkten Reaktionen. Ziel seines Systems ist die Erklärung und Vorhersage bestimmter Werte für diese Verhaltensparameter bei bestimmten Reaktionen, bestimmten Personen, zu bestimmten Zeitpunkten und in be-

stimmten Situationen. Komplexe Verhaltensereignisse müssen deshalb, wenn man sie in dieser Theorie erklären oder vorhersagen will, in Termini der abhängigen und unabhängigen Variablen rekonstruiert werden. Eine Beschreibung von Lernphänomenen in nicht zur Theorie gehörenden Begrifflichkeiten kann nur zu Aussagen führen, die innerhalb der HULLschen Konzeption als Explananda nicht in Frage kommen.
Viele Theoreme, die HULL (1964) angeblich aus seiner Theorie abgeleitet hat, enthalten Begriffe, die in seinem Postulatensystem nicht vorkommen und nicht von HULL in den Termini seiner Theorie rekonstruiert werden. Es nimmt deshalb nicht wunder, wenn KOCH (1954) zeigen konnte, daß die meisten Theoreme gar nicht aus den Axiomen der Theorie folgen.

Jede Theorie enthält ihr eigenes spezifisches Vokabular und kann nur Ereignisse erklären und vorhersagen, die sich in den Begriffen dieses Vokabulars ausdrücken lassen. Sonst ist nicht einmal ein Explanandum formulierbar, von dem ein Erklärungsversuch ausgehen könnte.

Diese Tatsache hat Konsequenzen für den Vergleich von Theorien. So läßt sich z. B. die Verhaltenstheorie von SKINNER nicht unmittelbar mit der von HULL oder irgendeiner anderen Verhaltenstheorie vergleichen (s. d. VERPLANCK 1954). Zunächst müssen die Verhaltensereignisse, die zum Gegenstandsbereich der einen Theorie gehören und in deren Begrifflichkeiten beschrieben werden, in den Termini der anderen Theorie rekonstruiert werden. Ob das immer möglich ist, kann nur auf empirischem Wege durch entsprechende Konstruktionsversuche geprüft werden.

Daß sich Reaktionsamplituden in Auftrittswahrscheinlichkeiten übersetzen lassen oder daß zwischen beiden irgendwie geartete Beziehungen entdeckt werden können, ist relativ unwahrscheinlich. Offenbar liegen hier verschiedene, voneinander weitgehend unabhängige Aspekte von Reaktionen vor, die nicht eindeutig aufeinander bezogen werden können. Sollte das tatsächlich der Fall sein, so behandelte die HULLsche Verhaltenstheorie eine Eigenschaft von Reaktionen, für die es bei SKINNER kein Äquivalent gäbe. Beide Theorien wären dann nur partiell kompatibel.

Auf diese Frage werden wir später noch einmal eingehen, wenn es darum geht, ob SKINNERS Verhaltenstheorie grundsätzlich nicht in der Lage ist, komplexere Lernphänomene zu erklären. Wir schließen damit die Analyse konkreter Verhaltenstheorien ab. Unsere Behauptungen könnten noch an weiteren Konzeptionen überprüft werden. Wenn es überhaupt Verhaltenstheorien gibt, die so klar formuliert sind, daß eine Formalisierung möglich ist, werden sich vergleichbare Resultate ergeben. In welchem Ausmaß eine Extrapolation auf andere psychologische Theorien zulässig ist, werden wir noch zu klären haben.

Gegenstand der Psychologie

Wir haben bei der Analyse der allgemeinen Verhaltenstheorie gesehen, daß sich der Gegenstand einer Theorie in den Variablen, die die Präfixe der Gesetzesannahmen dieser Theorie bilden, und den Grundbegriffen ausdrückt. Die Variablen weisen auf den Objektbereich, die Grundbegriffe auf die über dem Objektbereich erklärten Funktionen und Attribute hin. Unterschiedliche Variablentypen stehen für unterschiedliche Elementtypen des Objektbereichs.

Die allgemeine Verhaltenstheorie enthält Reiz-, Reaktions-, Situations-, Zeit-, Person- und Zahlvariablen. Ihr Objektbereich wird deshalb aus Reaktionen, Reizen, Situationen, Zeitpunkten, Personen und Zahlen gebildet. Auftrittswahrscheinlichkeit als wichtigster Grundbegriff der Theorie setzt die Reaktionsvariable in Beziehung zu den Reiz-, Situations-, Zeit-, Person- und Zahlvariablen. Diesem Grundbegriff entspricht ein über dem Objektbereich erklärter mehrstelliger Funktionsbegriff, zu dessen Argumentbereich Reaktionen, Reize, Zeitpunkte, Personen und Situationen, zu dessen Wertbereich Zahlen gehören. Ziel der allgemeinen Verhaltenstheorie ist die Erklärung und Prognose von Auftrittswahrscheinlichkeiten bzw. Relationen zwischen Auftrittswahrscheinlichkeiten. Alle Ereignisse, die in den Begrifflichkeiten der allgemeinen Verhaltenstheorie beschrieben werden können, kommen für die Formulierung eines Explanandums in Frage.

Die Aussage »›Den Gegenstand einer Theorie bestimmen‹ heißt ›Den Objektbereich dieser Theorie und die darüber erklärten Funktionen und Attribute kennzeichnen‹« führt dazu, daß man nur noch von theoriespezifischen Gegenständen, nicht mehr von *dem* Gegenstand der Psychologie sprechen kann. Es ist vielleicht möglich, den Objektbereich von Psychologie zu charakterisieren. Man könnte festlegen, daß alle Typen von Variablen, die in den Präfixen beliebiger psychologischer Theorien auftreten, für bestimmte Typen von Elementen des Objektbereichs stehen. Analog dazu könnte man alle in psychologischen Systemen vorkommenden Grundbegriffe zu Grundbegrif-

fen der Psychologie erklären und als über ihrem Objektbereich geltende Funktionen und Attribute deuten.
Das hat allerdings den Nachteil, daß die Elementtypen und die Funktionen und Attribute jeweils untereinander nicht immer unabhängig sind. Es ist möglich, daß ein Grundbegriff einer Theorie ein abgeleiteter Begriff in einer anderen ist und daß ein Variablentyp sich auf andere reduzieren läßt. Die Kennzeichnung des Gegenstandes der Psychologie wäre deshalb inhomogen und redundant. Wir schlagen vor, *eine Gegenstandskennzeichnung* (im Bereich Wissenschaft als Resultat) *nur für jeweils bestimmte psychologische Theorien vorzunehmen, nicht für Psychologie überhaupt.* Das schließt natürlich nicht die Zulässigkeit umgangssprachlicher Orientierungsdefinitionen (Psychologie ist die Wissenschaft vom Verhalten) aus.[13]
Die Erklärbarkeit von Ereignissen im Rahmen einer Theorie hängt, wie wir gesehen haben, von ihrer Ausdrückbarkeit innerhalb dieser Theorie ab. Ohne eine Beschreibung, eine sprachliche Repräsentation des Ereignisses in den Termini der Theorie ist nicht einmal ein Explanandum formulierbar.
Vor allem für behavioristische Konzeptionen wird immer wieder behauptet, daß wesentliche zur Psychologie gehörende Bereiche nicht angemessen oder gar nicht zur Geltung gebracht werden könnten (s. d. Bever, Fodor & Garrett 1968; Chomsky 1959, 1970; Habermas 1970; Radnitzky 1970; Zellinger 1970).

»Die rigorosen Theorien organismischen Verhaltens beziehen sich nicht auf spezifische Probleme der Persönlichkeitstheorie. Die allgemeine Struktur und der Aufbau der Persönlichkeit, die Fähigkeiten und Temperamentseigenschaften und Dispositionen einerseits, das Individuelle oder die interindividuellen Unterschiede, ihr Ursprung sowie ihre Diagnose andererseits sind für sie keine zentralen, vom Ansatz der Theorie her geforderten Probleme.« (Bergius 1960, 533)

Das Gegenteil ist der Fall. Die Analyse der allgemeinen Verhaltenstheorie Skinners – Skinner gilt als profiliertester Vertreter eines radikalen Behaviorismus (Fodor 1968b, Scriven 1956) – hat gezeigt, daß *im Feld einer nomothetischen Rahmentheorie idiographische Individualtheorien* formulierbar sind, die einerseits das Individuelle wenigstens ebenso gut zur Geltung bringen wie rein deskriptive Persönlichkeitstheorien ohne prognostischen und explanativen Gehalt, die andererseits gerade Fragen der Diagnose und Genese als vom Ansatz her geforderte Probleme betonen. *Historisch-genetische Erklärungen* charakterisieren den in diesem Bereich vorherrschenden Erklärungstyp.
Es ist richtig, daß Persönlichkeits-, Fähigkeits-, Temperaments- und Dispositionsbegriffe in der allgemeinen Verhaltenstheorie keine zen-

trale Rolle spielen (s. d. a. LUNDIN 1969, MISCHEL 1968). Das bedeutet keineswegs, daß dadurch der Gegenstandsbereich der Verhaltenstheorie enger sein muß als der einer Theorie, die diese Begriffe enthält. Ausgangspunkt beider Konzeptionen ist, wie auch BERGIUS betont, das beobachtete und bereits klassifizierte und beurteilte individuelle Verhalten (1960, 533). Um schlüssig nachzuweisen, daß eine behavioristische Konzeption bestimmte Phänomene nicht erfassen kann, muß man zeigen, daß die Grundbegriffe der diese Terme enthaltenden Theorie nicht mit den Begrifflichkeiten der behavioristischen Theorie rekonstruiert werden können. Erst der Beweis, daß eine Ausdrückbarkeit von Persönlichkeits-, Temperaments-, Fähigkeits- und Dispositionsbegriffen innerhalb der allgemeinen Verhaltenstheorie unmöglich ist, kann diese Frage entscheiden. Unmöglichkeit bedeutet prinzipielle Unmöglichkeit. Der Beweis muß deshalb ausschließen, daß etwa in Zukunft irgendwann ein begriffliches Äquivalent gefunden wird. Ein derartiger Beweis ist, zumal es sich bei den fraglichen Termini um theoretische Begriffe handelt, bisher nie geführt worden.

Der Behaviorist kann auf den Beweis, daß eine derartige Rekonstruktion möglich ist, verzichten. Es reicht aus, wenn er zeigt, daß alle in den Explananda der vermeintlich umfassenderen Theorien beschriebenen Ereignisse auch innerhalb seines Systems erklärt werden können. »Es hieße ganze Bereiche des Menschlichen, besonders das Erleben und die Produktivität, ignorieren, wenn man das Menschenbild allein aus der Sicht von unten, naturalistisch, bestimmen wollte.« (BERGIUS 1960, 536) Der Geltungsanspruch derartiger Behauptungen ist nie überzeugend eingelöst worden. Es mag sein, daß vom Begriff der Auftrittswahrscheinlichkeit einer Reaktion bis zum Begriff der Persönlichkeit ein weiter Weg führt. Man sollte ihn aber nicht durch dogmatische Verhärtungen sperren – wie es z. B. CHOMSKY (1959) getan hat –, sondern dem Verhaltenstheoretiker die Chance geben, durch konstruktive Bemühungen das Ziel zu erreichen.

Die Analyse der allgemeinen Verhaltenstheorie hat das *Experiment unter Kontrolle der relevanten Bedingungen* für das untersuchte Ereignis als Methode der Wahl hervorgehoben. Die Notwendigkeit dieser Methode ergibt sich aus den Adäquatheitsbedingungen der in der Verhaltenstheorie vorherrschenden historisch-genetischen Erklärung. Um ein korrektes Explanans für ein gegebenes Explanandum zu finden, ist die detaillierte Kenntnis der Reiz- und Reaktionsvorgeschichte Voraussetzung. Eine derartige Kenntnis läßt sich nur durch Kontrolle der relevanten Bedingungen erreichen. Im Falle einer Prognose müssen sämtliche Bedingungen, die auf das Individuum, dessen Verhalten vorhergesagt werden soll, im Zeitraum zwischen dem Eintreten der im Explanans aufgeführten Ereignisse und dem Eintritt des im Explanandum beschriebenen Ereignisses einwirken, bekannt sein. Auch das setzt die Kontrolle der Bedingungen voraus. Selbst die Messung der für die Theorie relevanten Verhaltensparameter läßt sich oft nur in kontrollierter (programmierter) Umgebung vornehmen.

Das ist ein Merkmal, das natürlich nicht auf Psychologie allgemein extrapoliert werden darf. Die Auszeichnung der experimentellen Methode als einzig zulässiges Forschungsverfahren in der Psychologie wäre eine ungerechtfertigte Generalisierung. In der Diagnostik z. B. können Verhaltensereignisse mit leicht erhebbaren demographischen Merkmalen und durch einfache Testanwendung feststellbaren Personeigenschaften in probabilistischem Zusammenhang stehen. Die Anwendung derartiger Wahrscheinlichkeitshypothesen kann auf Kontrolle weitgehend verzichten. Die resultierenden Argumente enthalten allerdings keine Kausalanalysen und geben keine historisch-genetischen Erklärungen. Dazu sind *Sukzessionsgesetze* Voraussetzung, *Koexistenzgesetze* reichen nicht aus (STEGMÜLLER 1960). Kausalanalysen in nichtexperimenteller Forschung sind nur in Einzelfällen und auch dann nur unter nicht eigens prüfbaren Vorannahmen möglich (BLALOCK 1964, BLALOCK & BLALOCK 1971).

Das kontrollierte Experiment ist die Methode der Wahl, wenn es über Deskription und Korrelation hinaus um Ursachenforschung (im Sinne von hinreichenden und/oder notwendigen Bedingungen) *geht, die zu Sukzessionsgesetzen führt, die ihrerseits historisch-genetische Erklärungen erlauben.* Der Umstand, daß die Handlungen von Personen von »ihrer historisch gewordenen und gesellschaftsbedingten Selbst- und Weltsicht abhängen« (HOLZKAMP 1972, 15), ist – wie immer man zu ihm stehen mag – gerade nicht, wie HOLZKAMP meint, ein Einwand gegen die experimentelle Methode, sondern ihre stärkste Stütze.

HOLZKAMP ist ohne Frage im Recht, wenn er sich gegen die Psychologen wendet, die möglichst viele, ihnen völlig unbekannte Individuen vor experimentelle Anordnungen setzen, eine Reihe von Reizen darbieten, das generierte Verhalten der Vpn. registrieren und schließlich die Versuchspersonen nach ein, zwei Stunden wieder entlassen, um dann eifrigst Signifikanzen zu berechnen, alles in der Überzeugung, ihnen sei ein dem physikalischen Experiment vergleichbares Unternehmen gelungen.

Derartige »Versuche«, die in der heutigen Psychologie nicht eben selten sind, haben mit der experimentellen Methode, wie sie in der allgemeinen Verhaltenstheorie gefordert wird, nichts gemein. Gerade die Forderung nach Kontrolle der relevanten (d.h. als relevant bekannten) Bedingungen ist in diesen Experimenten nicht erfüllt. Innerhalb der Verhaltenstheorie, die auf historisch-genetische Erklärungen zielt, ist dieser Aspekt von vorrangiger Bedeutung.

Historisch-genetische Erklärungen

Ein erstes Schema für *historisch-genetische Erklärungen* hat nach STEGMÜLLER (1969, 357) folgende Gestalt:

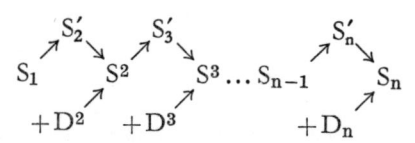

$$S_1 \nearrow^{S'_2}\searrow S_2 \nearrow^{S'_3}\searrow S_3 \ldots S_{n-1} \nearrow^{S'_n}\searrow S_n$$
$$\nearrow +D^2 \nearrow +D^3 \phantom{S_3 \ldots S_{n-1}}\nearrow +D_n$$

$S'_2, \ldots, S'_n$ sind Sätze, die Ereignisse beschreiben, die aus den vorangehenden Zuständen $S_1, \ldots, S_{n-1}$ als Antezendentien erklärt werden können. Die Pfeile symbolisieren gesetzmäßige Verknüpfungen. $D_2, \ldots, D_n$ sind zusätzliche Informationen, die ohne Erklärung eingeschoben werden müssen, um eine hinreichend umfassende Klasse von Antezendensdaten für die Ableitung des nächsten Zustandes zu erhalten. Die D_i können viel komplexer sein und einen viel stärkeren empirischen Gehalt haben als die $S'_2, \ldots, S'_n$. Der Endzustand S_n ist außerhalb von diskreten Zustandssystemen nicht aus dem Anfangszustand allein erschließbar. Die D_i enthalten in der Psychologie z.B. die Bedingungen, die auf den Organismus in der Zeit zwischen Prognose und Eintritt des prognostizierten Ereignisses einwirken. Ihre Kontrolle ist Voraussetzung für adäquate Prognosen. In *offenen Systemen*, zu denen auch der Mensch gehört, ist deshalb eine ganze Kette von Erklärungsargumenten erforderlich, die z.T. spezifische Informationen D aufgreifen müssen, um zum nächsten Glied zu gelangen:

(SCHEMA1) $S_1 \to S'_2$
$\underline{S_1}$
S'_2
$S'_2 \,\&\, D_2 \to S_2$
$\underline{D_2}$
S_2
$\underline{S_2 \to S'_3}$

$$S'_3$$
$$\frac{S'_3 \,\&\, D_3 \to S_3}{D_3}$$
$$S_3$$
.
.
.
$$S_{n-1}$$
$$\frac{S_{n-1} \to S'_n}{S'_n}$$
$$\frac{S'_n \,\&\, D_n \to S_n}{D_n}$$
$$S_n$$

Wir wollen versuchen, für dieses Schema ein Beispiel aus der Verhaltenstheorie zu geben: die Erklärung bzw. Prognose der Auftrittswahrscheinlichkeit einer Reaktion a nach n positiven Verstärkungen. Das Gesetz GOK1 bildet den Ausgangspunkt. Durch geeignete Ersetzung der Variablen durch Konstanten in jedem Glied der Kette (wir schreiben jeweils die spezifische Fassung von GOK1 an) kommt man zu folgender Argumentsequenz:

(EA11) $\dfrac{p(a,c) = h_1 \,\&\, Fb_1ac \,\&\, C^+b_1ac \to p(a,c+e) > h_1}{p(a,c) = h_1 \,\&\, Fb_1ac \,\&\, C^+b_1ac}$

$\dfrac{p(a,c+e) = h_2 > h_1}{p(a,c+e) = h_2 \,\&\, Fb_2ac+e \,\&\, C^+b_2ac+e \to}$
$p(a,c+2e) > h_2$
$Fb_2ac+e \,\&\, C^+b_2ac+e$

$\dfrac{p(a,c+2e) = h_3 > h_2}{p(a,c+2e) = h_3 \,\&\, Fb_3ac+2e \,\&\, C^+b_3ac+2e \to}$
$p(a,c+3e) > h_3$
$Fb_3ac+2e \,\&\, C^+b_3ac+2e$

$p(a,c+3e) = h_4 > h_3$
.
.
.
$p(a,c+(n-1)e) = h_n$
$p(a,c+(n-1)e) = h_n \,\&\, Fb_nac+(n-1)e \,\&\,$
$C^+b_nac+(n-1)e \to p(a,c+ne) > h_n$
$\dfrac{Fb_nac+(n-1)e \,\&\, C^+b_nac+(n-1)e}{p(a,c+ne) = h_{n+1} > h_n}$

EA11 entspricht, obwohl es für historisch-genetische Erklärungen innerhalb der Verhaltenstheorie typisch ist, nur partiell dem SCHEMA1 und hat eine etwas andere Struktur:

(SCHEMA2)
$$\begin{array}{l} S_1 \,\&\, D_1 \to S_2 \\ \underline{S_1 \,\&\, D_1} \\ S_2 \\ S_2 \,\&\, D_2 \to S_3 \\ \underline{D_2} \\ S_3 \\ S_3 \,\&\, D_3 \to S_4 \\ \underline{D_3} \\ S_4 \\ \cdot \\ \cdot \\ \cdot \\ S_{n-1} \\ \underline{S_{n-1} \,\&\, D_{n-1} \to S_n} \\ D_{n-1} \\ S_n \end{array}$$

SCHEMA2 setzt voraus, daß die Antezedensbedingungen $S_1, \ldots, S_{n-1}$ und $D_1, \ldots, D_{n-1}$ alle für S_n relevanten Randbedingungen erfassen. Das mag unter kontrollierten Bedingungen realisierbar sein, bei der Erklärung von Reaktionsraten in natürlicher Umgebung sind zusätzliche, nicht eigens prüfbare Annahmen in die Argumentationskette aufzunehmen, um überhaupt eine korrekte Wie es-möglich-war, daß-Erklärung zu gestatten.

Man hat in jeder Phase der historisch-genetischen Erklärung in unserem Beispiel im jeweiligen Explanans zu ergänzen, daß alle außer dem jeweiligen Verstärker auf die Reaktion a folgenden bzw. von a entfernten Reize neutral sind:

(R_{i+1}) (s)(s $\neq b_{i+1}$ & (Fsac+ie v Esac+ie) → SNsac+ie)
$i = 0, 1, \ldots, n-1$

SCHEMA2 wird dann zu

(SCHEMA3)
$$\begin{array}{l} S_1 \,\&\, D_1 \,\&\, R_1 \to S_2 \\ \underline{S_1 \,\&\, D_1 \,\&\, R_1} \\ S_2 \\ S_2 \,\&\, D_2 \,\&\, R_2 \to S_3 \\ D_2 \,\&\, R_2 \end{array}$$

$$S_3$$
$$\vdots$$
$$S_{n-1}$$
$$\frac{S_{n-1} \,\&\, D_{n-1} \,\&\, R_{n-1} \to S_n}{S_n} \quad D_{n-1} \,\&\, R_{n-1}$$

$R_1, ..., R_{n-1}$ sind *allgemeine Hypothesen über Randbedingungen.* Sie behaupten, daß keine störenden Bedingungen auf den Übergang von S_i und D_i zu S_{i+1} ($i = 1, ..., n-1$) Einfluß nehmen. Durch Kontrolle der relevanten Bedingungen – wir erinnern noch einmal an unseren von HOLZKAMP abweichenden Wortgebrauch – können diese Störfaktoren ausgeschaltet werden.
Wenn Wie-es-möglich-war, daß-Erklärungen für Alltagsereignisse gegeben werden, werden nicht kontrollierbare Störbedingungen durch eine Hypothese vom Typ R ausgeschlossen. Unter dieser Voraussetzung kann man annehmen, daß das Explanans alle relevanten Bedingungen berücksichtigt. Andernfalls könnten z.B. simultan mehrere Verstärkerreize auf eine Reaktion folgen oder von ihr entfernt werden. Wenn es sich um positive und negative Verstärker handelt, kann es zu Interferenzen kommen, die, da Interferenzgesetze weitgehend fehlen, zu nicht vorhersagbaren Konsequenzen führen.

Methode der Psychologie

Einmal mehr wird die Notwendigkeit der experimentellen Methode deutlich. Ohne Kontrolle der relevanten Bedingungen sind historisch-genetische Warum-Erklärungen innerhalb der Verhaltenstheorie (praktisch) unmöglich.
Das von der Verhaltenstheorie geforderte experimentelle Vorgehen läßt sich im Humanbereich beim heutigen Stand der Verhaltenstechnologie und auf der Grundlage der in unserer Gesellschaft verbreiteten ethischen und moralischen Überzeugungen nur approximativ verwirklichen.
Wir haben bei der Analyse der Verhaltenstheorie gesehen, daß für eine Erklärung bestimmter Verhaltensereignisse unter Umständen die Kenntnis der gesamten Reiz- und Reaktionsvorgeschichte eines In-

dividuums Voraussetzung ist. Diese Kenntnis können wir nur erlangen, wenn das Individuum von Anfang an in einer kontrollierten und programmierten Umgebung aufwächst, so daß ausschließlich bekannte und registrierte Einflüsse auf sein Verhalten einwirken können, das lückenlos aufgezeichnet werden muß.
Das ist natürlich völlig utopisch und wird – hoffentlich – nie Wirklichkeit. Dennoch spiegelt sich in diesem Bild das der Verhaltenstheorie zugrunde liegende Rationale. Man kann nicht erwarten, daß die Wissenschaft die drängenden sozialen Probleme unserer Zeit löst, wenn man sie an der Anwendung wissenschaftlicher Methoden auf *Alltagsrealität* hindert. Sie kann nur dort wirksam werden, wo sie die Alltagsrealität nach dem Bilde der *experimentellen Realität* gestalten kann. Dafür ist die Physik das beste Beispiel. Wer dagegen die experimentelle Realität der Alltagsrealität angleichen will (im Sinne von weniger Kontrolle, mehr Unbestimmtheit), tauscht Verbindlichkeit gegen Beliebigkeit, Urteil gegen Vorurteil und nur allzu oft Wissenschaft gegen Ideologie ein.
Zum gegenwärtigen Zeitpunkt sind realistische Forschungsstrategien im Bereich der Theorie menschlichen Verhaltens personzentrierte Langzeitstudien unter möglichst weitgehender Bedingungskontrolle. Das ist noch am ehesten im Zusammenhang mit verhaltenstherapeutischen Bemühungen realisierbar. Optimal wäre hier ein mit modernstem verhaltenstechnischen Gerät ausgestattetes *Zentrum für stationäre Behandlung von Verhaltensstörungen*. Gestörtes Verhalten wird innerhalb der Verhaltenstherapie, die die Unterscheidung zwischen normalem und pathologischem Verhalten nicht kennt, wie jedes andere Verhalten auch gedeutet, so daß ein derartiges Behandlungszentrum gegenwärtig die größten Chancen böte für die Entwicklung und Überprüfung detaillierter Individualtheorien, innerhalb derer sich auch die allgemeinen Gesetzesannahmen im Humanbereich bewähren ließen.[14]
Die meisten Verhaltenstherapien werden ambulant durchgeführt und erfüllen das Kriterium der Bedingungskontrolle bestenfalls für die Zeit, in der sich Klient und Therapeut zusammen in der therapeutischen Situation befinden. Dementsprechend ist die Erklärung des Therapeuten für eine etwa eingetretene Verhaltensänderung keine Warum-, sondern nur eine Wie-es-möglich-war, daß-Erklärung. Es können sich auch ganz andere Vorgänge abgespielt haben, die dem Therapeuten völlig entgangen sind und die den Umschwung herbeigeführt haben. Das spricht nicht so sehr gegen die Verhaltenstherapie, als vielmehr für eine gewisse Vorsicht bei der Interpretation von Therapieerfolgen und Zurückhaltung bei der Kritik anderer thera-

peutischer Richtungen. Immerhin ist der Verhaltenstherapeut – das zeichnet ihn gegenüber dem Psychoanalytiker aus – in der Lage, korrekte Wie-es-möglich-war, daß-Erklärungen zu geben.[15]
Wo sich aus ethischen Gründen ein ganzer Bereich dem experimentellen Zugriff entzieht, bleiben nur *Modellstudien an Tieren*, ohne daß eine strenge Prüfung der *Modellbeziehung* möglich ist. Das zeigt sich besonders deutlich in folgendem Forschungsbericht:

»Goldfische machen sich nichts aus saurem oder bitterem Wasser. Sie ziehen Wasser ohne Zusatz von Essig und Chinin vor. Aber sie lassen sich belehren: Gibt es nur dort Futter, wo das saure oder bittere Wasser ins Aquarium strömt, so finden die Fische das ungewöhnlich schmeckende Wasser bald symphatisch, auch wenn kein Futter mehr lockt.

Dieser Befund erscheint nicht besonders aufregend. Aber für die Forscher am Physiologischen und Physiologisch-Chemischen Institut der Universität Göttingen, die den Goldfischen so seltsame Vorlieben beibringen, ist die Dressur auch nur die Voraussetzung für das eigentliche Eperiment. Aus den Gehirnen der dressierten Goldfische stellen die Wissenschaftler einen Extrakt her, den sie untrainierten Goldfischen in die Bauchhöhle spritzen.

Diese Tiere haben vor der Injektion eindeutig ihre Abneigung gegen Essig und Chinin demonstriert. Einen Tag nach der Injektion indes zeigen einige von ihnen Vorliebe für saures und bitteres Wasser, obgleich sie für diese Geschmacksrichtung niemals mit Futter belohnt worden sind.

Allein die Spritze mit dem Hirnextrakt der dressierten Artgenossen hat den Umschwung herbeigeführt. Was die geopferten Goldfische mühsam erst lernen mußten, ist in Form bestimmter chemischer Substanzen festgehalten worden, die eine Gedächtnisübertragung möglich machen.« (LAUSCH 1972, 56)

Man könnte versucht sein, dieses Ergebnis auf Gedächtnis allgemein zu generalisieren und damit auf den Menschen zu übertragen. Soll aber die Untersuchung des Phänomens an Goldfischen Relevanz für Gedächtnisphänomene bei Menschen haben, muß die entsprechende Modellbeziehung im Humanbereich nachgewiesen werden.
Wir stehen in diesem Fall vor der grundsätzlichen Schwierigkeit, daß sich eine im Tierexperiment durchführbare Manipulation im Humanexperiment prinzipiell verbietet. Wir sind deshalb außerstande, dasselbe Verfahren, das uns bei Goldfischen zur Entdeckung der Transduktion von Gedächtnisinhalten von einem Organismus auf einen anderen führte, beim Menschen zu wiederholen, um die Modellbeziehung zu prüfen.
Die Relevanz der Ergebnisse für den menschlichen Organismus läßt sich nur durch Zusatzhypothesen plausibel machen. So könnte man zunächst an anderen, phylogenetisch höheren Tieren prüfen, ob vergleichbare Resultate erzielbar sind. Man könnte weiter auf physiologische Ähnlichkeiten zwischen Modell (Tier) und Original (Mensch) und die Einheitlichkeit grundlegender physikalischer Prozesse für

Natur überhaupt hinweisen. Ein direkter Nachweis ist nicht möglich, zumindest nicht mit denselben Methoden.

Die Schwierigkeit, Modellrelationen zwischen Tier und Mensch nachzuweisen, stellt sich auch bei jeder Erprobung von Medikamenten im Tierversuch. Die Übertragung von Ergebnissen derartiger Versuchsreihen auf den Menschen bleibt zunächst ein Risiko, das erst bei fortschreitender Bewährung der Modellrelation durch Anwendung bei Menschen ohne unerwartete Nebenwirkungen gemildert wird.

Zusammenfassung

Wir haben im Anschluß an die logisch-systematische Analyse der Verhaltenstheorie die schon zu Beginn dieser Arbeit aufgeworfenen Fragen nach dem Gegenstand und der Methode der Psychologie zu beantworten versucht.

Eine eindeutige Gegenstandskennzeichnung ist jeweils nur für eine gegebene Theorie möglich, nicht für Psychologie als Ganzes. Die Variablen und Grundbegriffe einer Theorie geben Aufschluß über den Objektbereich und die darüber erklärten Funktionen und Attribute. Notwendige Bedingung für die Erklärbarkeit bzw. Vorhersagbarkeit von Ereignissen im Rahmen einer Theorie ist die Ausdrückbarkeit bzw. Beschreibbarkeit dieser Ereignisse mit den sprachlichen Mitteln, die innerhalb der Theoriesprache zur Verfügung stehen. Auf die Konsequenzen, die dieser Tatbestand für den Vergleich konkurrierender Theorien hat, haben wir hingewiesen.

Innerhalb der Verhaltenstheorie stellen historisch-genetische Erklärungen den vorherrschenden Systematisierungstyp dar. Die Gesetzesannahmen der Verhaltenstheorie sind Sukzessionsgesetze und nehmen im Antezedens auf Ursachen für das im Sukzedens beschriebene Ereignis Bezug.

Wenn psychologische Forschung über Deskription und Korrelation hinaus, auf Sukzessionsgesetze zielt, die Kausalanalysen erlauben, ist das kontrollierte Experiment die Methode der Wahl. Die Vorhersage und Erklärung individuellen Verhaltens ist, wenn überhaupt, nur unter völliger Bedingungskontrolle möglich. Auf die praktischen Schwierigkeiten, die sich für einen derartigen Ansatz aus ethischen und moralischen Verpflichtungen ergeben und die durch Modellexperimente an anderen Organismen nur unzureichend kompensiert werden können, sind wir eingegangen.

Zur Sprache der Psychologie

Wissenschaftssprache und Umgangssprache

Die Kennzeichnung des Gegenstandes einer Theorie nimmt auf die Sprache dieser Theorie Bezug. Theoriesprachen lassen sich in zwei Teilsprachen zerlegen: die *Beobachtungssprache* und die *theoretische Sprache*. Die Beobachtungssprache enthält außer den logischen Zeichen nur sogenannte *Beobachtungsprädikate*, die für sich, ohne Bezugannahme auf eine bestimmte Theorie, verständlich sind (STEGMÜLLER 1972). Die theoretische Sprache besteht darüberhinaus aus *theoretischen Begriffen*, die nicht etwas unmittelbar Beobachtbares bezeichnen, sondern im Kontext der Theorie implizit charakterisiert und durch *Zuordnungsregeln*, die die theoretische mit der Beobachtungssprache verbinden, *partiell interpretiert* werden. Eine *Reduktion* oder *explizite Definition* der theoretischen Terme innerhalb der Beobachtungssprache ist nicht möglich (CARNAP 1956, 1969; STEGMÜLLER 1970a).

Innerhalb der allgemeinen Verhaltenstheorie sind z. B. die Begriffe der Ähnlichkeit und Auftrittswahrscheinlichkeit theoretische Begriffe, während die übrigen drei Grundbegriffe (Folgen, Entfernen, Zusammenvorkommen) als für sich verständlich zur Beobachtungssprache gerechnet werden können, zu der auch die Begriffe gehören, die in die partielle Interpretation des Ähnlichkeits- und Wahrscheinlichkeitsbegriffs eingehen.

Eine Aufteilung in die Sprachebenen ist jeweils nur für eine bestimmte Theorie möglich. Unter Umständen kann ein theoretischer Begriff einer Theorie als Beobachtungsbegriff in einer anderen Theorie auftreten und umgekehrt. Bei einem Versuch, Psychologie auf Physiologie zu reduzieren, dürften die meisten Beobachtungsbegriffe psychologischer Theorien zu theoretischen Begriffen physiologischer Konzeptionen werden. Es ist müßig, darüber zu diskutieren, ob es sich dann noch um die »gleichen« Begriffe handelt.

Die theoriespezifische Auszeichnung von Beobachtungs- und theoretischen Begriffen und die *implizite Charakterisierung theoretischer Terme im Kontext einer Theorie* haben zur Folge, daß zwei Begriffe, die durch dasselbe Wort (dieselbe Buchstabensequenz) bezeichnet werden, völlig verschiedene Bedeutungen haben können, je nach dem Kontext der Theorie, in der sie vorkommen. Vor allem theoretische Begriffe haben außerhalb einer bestimmten Theorie innerhalb der Wissenschaftssprache keine Bedeutung. Psychologische Konstruktbegriffe wie Persönlichkeit, Fähigkeit, Temperament, Motivation, Intelligenz usw. haben keine einheitliche Bedeutung, sondern werden in jeder Theorie jeweils neu und anders bestimmt, so daß grundsätzlich eine *theoriespezifische Indizierung* angebracht wäre. Man spräche dann nicht mehr von der Persönlichkeit – das ist ohnehin eine Reifikation –, sondern von den Persönlichkeitsbegriffen von CATTELL (1965), EYSENCK (1960), GUILFORD (1964), KELLY (1963), LUNDIN (1969) und von MISCHEL (1968) usf. Eine ausführliche Analyse des allgemeinen Intelligenzbegriffs gibt WESTMEYER (1972).

Ein bestimmter Begriff, der innerhalb der Umgangssprache eine bestimmte, wenn auch vage Bedeutung hat, kann nicht ohne weiteres in eine Wissenschaftssprache übernommen werden, sondern muß hier erst eine präzise Begriffsfestlegung erfahren. *Präzision, Intersubjektivität und damit Objektivität sind wesentliche Kennzeichen von Wissenschaftssprache überhaupt.* Sie sind Voraussetzungen für systemimmanente Verbindlichkeit (HOLZKAMP 1964, 1968) und logische Widerspruchsfreiheit, ohne die systemtranszendente Verbindlichkeit nicht möglich ist.

Innerhalb der *Umgangssprache* haben alle Begriffe *pragmatischen* Charakter. Eine Festlegung ihrer Extension und Intension (CARNAP 1964) nimmt auf den jeweiligen Sprecher Bezug. (CARNAP 1955, 1956). *Wissenschaftssprachliche Begriffe* dagegen sind *logisch-systematische* Begriffe, die für alle Personen (Wissenschaftler), betrachtet man Wissenschaft als Resultat, dieselbe Extension und Intension haben sollten.

Der pragmatische Charakter umgangssprachlicher Begriffe läßt die Rede von der Umgangssprache selbst zu einer Abstraktion werden, der vielleicht eine in Grammatiken, Wörterbüchern, Lexika und Phonetiken kodifizierte Bedeutung zukommt, die aber nicht als für alle Sprachbenutzer identisch vorausgesetzt werden kann. Man spricht deshalb besser nur von der Umgangssprache einer bestimmten Person. Innerhalb personspezifischer Umgangssprachen kann man Begriffe auszeichnen, die wissenschaftssprachlichen Konstrukten analog sind, die *persönlichen Konstrukte* (SCHNEEWIND 1969). Gerade in der Psychologie werden persönliche Konstrukte gern in die Wissenschaftssprache übernommen. Dafür sind die *mentalistischen Begriffe* wohl das beste Beispiel. Viele Psychologen beurteilen die Güte einer psychologischen Theorie nach dem Ausmaß, in dem in ihr die aus der Umgangssprache geläufigen Begriffe wie Erleben, Gefühl, Empfindung, Persönlichkeit, Fähigkeit, Temperament, Motiv, Absicht, Intention usw. vorkommen (s. d. BERGIUS 1960, KAMINSKI 1970).

Die Gefahr bei der Verwendung mentalistischer Begriffe in der Wissenschaftssprache liegt darin, daß sie in den personspezifischen Umgangssprachen schon eine bestimmte Bedeutung haben, meist in jeder dieser Sprachen eine etwas andere, insgesamt aber – über alle Personen betrachtet – doch eine so ähnliche, daß eine Verständigung im Alltag möglich ist, auch ohne daß eine Explikation der verwendeten Begriffe jedem Kommunikationsvorgang vorangehen muß (oft könnte auch das nicht schaden).

Eine Übernahme dieser persönlichen Konstrukte in die Wissenschaftssprache erfordert zunächst eine (zu einem bestimmten Zeitpunkt) eindeutige Festlegung des Begriffs, eine *Konstruktexplikation*. Zusätzlich ist, wenn noch objektive, reliable und valide Meßverfahren für das Konstrukt fehlen, eine erste *Konstruktvalidierung* (CRONBACH & MEEHL 1956) nötig, die zu das Konstrukt partiell interpretierenden Zuordnungsregeln führt.

Für mentalistische Begriffe ist in der Alltagssprache der *Selbstbericht* oft der wesentlichste oder einzige Indikator. Innerhalb der Wissenschaftssprache sind präzise Zuordnungsregeln erforderlich, die unter Umständen den Selbstbericht einbeziehen können. Als einziger Indikator reicht er vielleicht für persönliche Konstrukte aus, wenn man der Sprache in diesem Fall *deskriptive* und keine *performative* Funktion (AUSTIN 1962) zusprechen darf. Wenn man z.B. Affekte wie Ärger, Wut oder Angst untersuchen will, müssen diese Begriffe zunächst durch eine Konstrukexplikation oder Konstruktvalidierung als wissenschaftssprachliche Konstrukte ausgewiesen werden. Andernfalls könnte man nicht von »Ärger«, »Wut« und »Angst« sprechen, sondern nur von dem, was eine bestimmte Versuchsperson unter diesen Begriffen versteht. Eine Untersuchung würde sich dann mehr auf das Sprachverhalten dieser Personen richten als auf sprachtranszendente Affektereignisse.

Diese Anforderungen an wissenschaftssprachliche Begriffe sind ohne weiteres mit dem Merkmal der *Offenheit* (PAP 1958, 1962) vereinbar. Offenheit bedeutet nicht mangelnde Präzision und begriffliche Verschwommenheit, sondern Offenheit gegenüber weiteren Zuordnungsregeln und einer Ausdehnung der Begriffsextension. Selbst eine Änderung der Konstruktexplikation ist im Verlauf des Forschungsprozesses denkbar.

Legt man diese strengen Standards an psychologische Theorien an, so schneiden die meisten ausgesprochen schlecht ab. Vielen Psychologen ist der grundsätzliche Unterschied zwischen Umgangs- und Wissenschaftssprache nicht einmal klar geworden (s. d. a. GARNER, HUNT & TAYLOR 1959; ROZEBOOM 1961). Sie halten die Alltagssprache offenbar für ein prädestiniertes Medium psychologischer Wissenschaft. An Rationalisierungen für diese Vorliebe hat es nicht gefehlt (APEL 1967, HABERMAS 1968, RADNITZKY 1970). *Es gibt jedoch nicht den geringsten Grund, bestimmte Standards vernünftiger wissenschaftlicher Rede aufzugeben, nur weil gewisse Theoretiker irgendeine liebgewordene Konzeption nicht als unwissenschaftlich qualifiziert sehen wollen. Psychologie ist keine Belletristik.*

Umgangssprache als oberste Metasprache

Ein Grund für die Hartnäckigkeit, mit der man sich an die Umgangssprache klammert, mag in einem Mißverständnis der These »Die Umgangssprache ist die oberste Metasprache« liegen. Man nennt in der *Semantik* (STEGMÜLLER 1957) die Sprache, über die man spricht, *Objektsprache,* und die Sprache, in der man über die Objektsprache redet, *Metasprache.* Wenn wir die allgemeine Verhaltenstheorie analysieren, bewegen wir uns in der Metasprache. Die Sprache der Verhaltenstheorie ist dabei die Objektsprache. Die Auszeichnung einer Sprache als Metasprache ist immer auf eine bestimmte Objektsprache bezogen und umgekehrt.

Das kann, bei entsprechender Extrapolation, zu einer Sprachhierarchie führen, in der sich ganz unten eine Objektsprache und ganz oben eine Metasprache befinden, die selbst nicht Meta- bzw. Objektsprache sind. (Selbst das ist nicht zwingend, da nicht notwendig ein oberer Abschluß der Hierarchie existieren muß.) Alle anderen Ebenen werden durch Sprachen gebildet, die nach unten Meta- und nach oben Objektsprache sind. Die oberste Metasprache wird dann mit der Um-

gangssprache identifiziert. Wenn man zusätzlich – wie in der Semantik üblich – davon ausgeht, daß die Metasprache, da in ihr über die Objektsprache geredet wird, diese umfassen muß, folgert man, daß die Umgangssprache so ausdrucksvoll ist, daß sich in ihr alle Ausdrücke von Sprachen niederer Ebene formulieren lassen. Wenn das so ist, warum extra eine Wissenschaftssprache aufbauen, warum nicht gleich in der Umgangssprache bleiben?
Hier führt der *umgangssprachliche Begriff der Umgangssprache* in die Irre. Wir haben bereits gesehen, daß man gar nicht von der Umgangssprache sprechen kann, sondern nur von personspezifischen Umgangssprachen, die zudem zeitabhängig sind und aus dem konkreten Sprachverhalten abstrahiert werden müssen.[16]
Damit wird die These, wenn sie sich auf den umgangssprachlichen Begriff bezieht, zumindest unbestimmt. Wenn man der Extrapolation auf Umgangssprache überhaupt einen Sinn beimißt, muß hier ein logisch-systematischer Begriff gemeint sein.
Eine Metasprache enthält alle Begriffe der zugeordneten Objektsprache und zusätzlich die semantischen Begriffe, mit denen über objektsprachliche Terme und Ausdrücke gesprochen wird. Die Metasprache handelt nicht von den Sach- bzw. Sprachverhalten, die den Gegenstand der Objektsprache ausmachen, sondern *erwähnt* nur die Begriffe und Ausdrücke, mit denen in der Objektsprache über diesen Gegenstand gesprochen wird. Wenn in der Objektsprache z.B. der Satz auftritt »Die Persönlichkeit eines Menschen ist einzigartig«, so enthält die Metasprache diesen Satz nicht in der gleichen Weise wie die Objektsprache, sondern erwähnt ihn nur in semantischen Aussagen der Form »Der Satz ›Die Persönlichkeit des Menschen ist einzigartig‹ ist ein Bedeutungspostulat« oder »Der Satz ›Die Persönlichkeit des Menschen ist einzigartig‹ ist ein empirischer Satz« oder »Der Satz ›Die Persönlichkeit des Menschen ist einzigartig‹ besteht aus sechs Worten«. Eine *metametasprachliche* Aussage hätte z.B. die Gestalt »Der Satz ›Der Satz ‚Die Persönlichkeit des Menschen ist einzigartig' besteht aus sechs Worten‹ ist wahr«. Man kann sich vorstellen, wie verschachtelt Aussagen der obersten Metasprache aussehen würden. Daß dabei der Gegenstand der Wissenschaften schon längst nicht einmal mehr *erwähnt* wird, sondern nur die Erwähnung der Erwähnung ... der Erwähnung seiner Erwähnung, dürfte der Annahme, die Umgangssprache sei ein geeignetes Medium psychologischer Theorienbildung, vollends den Boden entziehen.[17]
Das Enthaltensein objektsprachlicher Begriffe in der Metasprache ist ja keineswegs als *Übersetzbarkeit* aufzufassen. Wenn ein wissenschaft-

licher Begriff im Kontext einer objektsprachlichen Theorie implizit charakterisiert wird und z. B. innerhalb der Umgangssprache nicht vorkommt, wird dieser Begriff in der zugeordneten Metasprache verwendet, aber nicht noch einmal in anderen, nicht zur Objektsprache gehörenden Begriffen definiert. Derartige Definitionen gehören zur Objektsprache. Selbst wenn die These »Die Umgangssprache ist die oberste Metasprache« korrekt wäre, würde daraus nicht folgen, daß alle Begriffe in die Umgangssprache übersetzbar sein müßten. Es würde daraus ganz im Gegenteil folgen, daß bereits *alle nur denkbaren Begriffe und wissenschaftliche Begriffskreationen schon zur Umgangssprache gehörten*. Man sieht einmal mehr, wie ungeeignet die These für einen Beleg dessen ist, was man mit ihr rechtfertigen will.

Eine pragmatische Deutung der These könnte so aussehen: *Man kann ohne Vermittlung durch die Umgangssprache keine Wissenschaftssprache lernen*. Das bedeutet aber nicht, daß alle wissenschaftlichen Begriffe in die Umgangssprache übersetzbar sein müssen. Es genügt, wenn sie unter Verwendung umgangssprachlicher Äußerungen *gelehrt* werden können. Andernfalls würde niemand sprechen, denn auch die Umgangssprache muß gelernt werden. Und das gelingt, auch ohne daß man bereits eine Sprache beherrscht.

Wenn z. B. im physikalischen Experiment ein neuer Effekt realisiert wird, kann in die Wissenschaftssprache ein neuer Beobachtungsbegriff durch einen einfachen Vorgang verbaler Konditionierung eingeführt werden. Dazu reichen, wenn Zeigegesten nicht zum Erfolg führen, umgangssprachliche Wendungen wie »Das hier ist ein ...« oder »Das, was man zu dem und dem Zeitpunkt an der und der Stelle sieht, ist ein ...« usw. aus. Man ist also nicht auf die Umgangssprache, sondern nur auf wenige ihrer Sätze angewiesen. In den meisten Fällen werden nichtverbale Zeigehandlungen ausreichen, um neue Beobachtungsbegriffe in eine Wissenschaftssprache einzuführen. Das Verständnis für Zeigehandlungen setzt nicht das Verständnis für sprachliche Wendungen der genannten Art voraus. Im Gegenteil, das Verständnis nichtverbaler Zeigehandlungen ist primär, die sprachlichen Wendungen sind verbale Substitutionen für derartige Gesten.

Es gibt also keinen Grund, warum eine Wissenschaftssprache nicht in ähnlicher Weise erlernt werden sollte wie die Umgangssprache: ohne Bezugnahme auf eine bereits beherrschte Sprache, zumindest ohne daß die Umgangssprache mehr als eine periphere Rolle spielt. Daß die Tatsache, daß wir beim Erlernen einer Wissenschaftssprache bereits über eine Sprache verfügen, den Lernprozeß beeinflußt, ihn beschleunigt und systematischer zu gestalten erlaubt, soll nicht bestritten werden. Bestritten wird aber, daß sich daraus die Berechtigung ableiten läßt, Umgangssprache(n) als geeignete Wissenschaftssprache für Psychologie oder andere Humanwissenschaften zu betrachten.[18] Damit erledigt sich auch die Forderung, Wissenschaft müsse am *Gegenstandsvorverständnis* anknüpfen, wie es sich in der Alltagssprache niederschlägt. Abgesehen von unserer theoretischen Argumentation zeigt z.B. SKINNER mit seiner allgemeinen Verhaltenstheorie, daß es auch ganz anders geht. Man kann u. U. aus heuristischen Gründen am Gegenstandsvorverständnis anknüpfen, eine Notwendigkeit dafür besteht nicht. Nicht einmal der heuristische Wert eines solchen Vorgehens ist bisher für Psychologie überzeugend belegt worden. Das Gerede vom Gegenstandsvorverständnis wird ohnehin zur Farce, wenn man bedenkt, daß es sich hier wieder um einen personspezifischen Begriff handelt, so daß jeder behaupten kann, er sei vom Gegenstandsvorverständnis ausgegangen, eben von seinem eigenen.

Essentialismus

Die Vorliebe für die Umgangssprache und der am Gegenstandsvorverständnis orientierte Forschungsansatz weisen auf ein weiteres Kennzeichen moderner Psychologie hin, auf die *Neigung zum Essentialismus*. Was man darunter zu verstehen hat, macht folgende Passage deutlich:

»Manchmal wird fälschlicherweise behauptet, eine vollständige physiologische Erklärung würde uns alles über das Lernen sagen. Aber Lernen bedeutet nicht physiologische Veränderung, auch dann nicht, wenn es immer von einer physiologischen Veränderung herrührt oder irgendwie mit ihr zusammenhängt. Die Bedeutung des menschlichen Lernens kann nur in Begriffen umrissen werden, die sich auf die Ziele des Lernenden oder die Anweisungen, was zu tun ist, beziehen. Dieser Punkt wird entschieden von Michael Oakeshott (1967) zur Geltung gebracht, wenn er sagt, ›Unter Lernen verstehe ich eine Aktivität, die nur einer Intelligenz möglich ist, die einer Wahl und Selbstbestimmung in Beziehung zu ihren eigenen Antrieben und zu der sie umgebenden Welt fähig ist.‹
Louch (1966) behauptet in einer ausgedehnteren Polemik gegen konnektionistische Psychologie, daß Psychologie bisher erfolgreicher bei der Erforschung der Mechanismen zur Kontrolle menschlichen Handelns war als bei der Erklärung menschlicher Aktion. Reiz-Reaktionseinheiten und ähnliches lassen sich nicht zu dem aufaddieren, was von wirklichem psychologischen Interesse ist – Praktiken, Gewohnheiten und Handlungen, die zielgerichtet, sinnvoll oder intentional sind. ›Psychologie als eine Wissenschaft mit ihren eigenen Erklärungsprinzipien fällt in ein Niemandsland zwischen Physiologie und ad hoc Aussagen des täglichen Lebens.‹

Ein Blick auf die psychologische Lerntheorie ist zugleich ein Blick auf Konflikt und ein gewisses Ausmaß an Verwirrung. Vielleicht kennen wir, wie Louch zu bedenken gibt, bereits alle praktischen Lerngesetze aus unserer Alltags(common sense)erfahrung.« (McFarland 1971, 164)

In dieser Stellungnahme zur psychologischen Lerntheorie geben sich gleich drei Essentialisten als solche zu erkennen. Oakeshott macht unmißverständlich klar, daß es sich bei seinem Vorschlag um eine Definition des Begriffes »Lernen« handelt. Definitionen sind weder wahr, noch falsch, sondern bestenfalls nützlich für den weiteren Aufbau einer Theorie. Sie sind Kürzel für komplexere Aussagen, die auf diese Weise ökonomisch zusammengefaßt werden und so eine einfachere Formulierung der Annahmen einer Theorie erlauben.

Bei Oakeshott handelt es sich aber offenbar um eine *Realdefinition*, die das »Wesen« des Lernens bestimmen will und über eine *Nominaldefinition* (Hempel 1952) in ihrer Intention hinausgeht. Realdefinitionen sind entweder Explikationsvorschläge oder empirische Analysen oder u. U. in Nominaldefinitionen überführbar. Innerhalb der Wissenschaftssprache sind alle Definitionen Nominaldefinitionen. In diesem Fall sind alternative, deutlich von einem gegebenen Definitionsvorschlag abweichende Fassungen zulässig. Lernen läßt sich dann auch unter Verzicht auf die von Oakeshott gewählte mentalistische Terminologie definieren, ohne daß man damit gleich auf einen anderen Gegenstandsbereich Bezug nähme.

Wesensaussagen sind essentialistisch. Sie postulieren, daß bestimmte Begriffe und Methoden für eine angemessene Beschreibung oder befriedigende Erklärung (s. d. Kaminski 1970, 123; kritisch dazu Westmeyer 1972) notwendig sind. Damit nivellieren sie Unterschiede zwischen Sach- und Sprachverhalt, zwischen Ex- und Intension und hemmen in ihrem normativen Anspruch die dynamische Weiterentwicklung von Wissenschaftssprache und Wissenschaft überhaupt.

Die Deutung, daß es sich bei Oakeshotts Aussage nicht um eine Definition im strengen Sinne, sondern um einen Explikationsvorschlag (s. d. Carnap 1962) handelt, wird nur den überzeugen, dem die im Explikans genannten mentalistischen und teleologischen Begriffe klarer und verständlicher sind als der vergleichsweise harmlose Begriff des Lernens.

Louch neigt ebenso zum Essentialismus. Er geht von einem Vorverständnis von dem aus, was von »wirklichem psychologischen Interesse« ist: Praktiken, Gewohnheiten und Handlungen, die zielgerichtet, sinnvoll und intentional sind. Dazu tritt die aus der Sprachphilosophie geläufige Einstellung, daß wir eigentlich die wesentlichen

Lerngesetze schon aus unserer Alltagserfahrung kennen. Eine vergleichbare Position nimmt WINCH (1966) in bezug auf die Gesetze sozialer Kommunikation und Sozialwissenschaft allgemein ein (s. d. a. BRODBECK 1962). GELLNER (1968) spricht bereits von einem »neuen Idealismus« (s. a. COHEN 1968, WATKINS 1968).

Man gewinnt den Eindruck, daß Psychologie vor essentialistischen Augen nur dann bestehen kann, wenn sie in entsprechenden Sachzusammenhängen Reizworte generiert, die dem Vorverständnis und dem Vorurteil der sich durchaus nicht immer am Alltagsverständnis orientierenden meist philosophischen Kritikern entgegenkommen. Die Analogie zu den Schlüsselreizen und angeborenen auslösenden Mechanismen der Ethologie liegt nahe. Passen die Schlüssel-Reiz-Worte, führen die AAMs – hier besser: die angedachten auslösenden Mechanismen – zu befriedigten und wohlgefälligen Äußerungen, passen sie nicht, droht Hohn und Spott.

Derartige Zusammenhänge kann man nur aufweisen. Die Wahrscheinlichkeit, Essentialisten durch Argumentation zu überzeugen, ist äußerst gering. In die allgemein geteilten Standards vernünftiger wissenschaftlicher Rede hat der Essentialist zusätzliche Regeln aufgenommen, die das Vokabular, mit dem bestimmte Sachverhalte zu beschreiben und zu erklären sind, ein für allemal verbindlich festlegen. Diese Immunisierungsstrategie wirkt selbsterhaltend und kann zur Abwehr jeden Versuchs einer Übertragung naturwissenschaftlicher Grundhaltung auf Humanwissenschaft eingesetzt werden. In den Augen des Essentialisten kann man sich zwar dem Gegenstand der Psychologie mit naturwissenschaftlichen Methoden nähern, verliert dabei aber das »Eigentliche« aus den Augen. *Der Mensch ist eben der Ganz-Andere.* Der Essentialist spinnt sich so in eine geschlossene Sprachform ein und gleitet fast übergangslos in eine Weltanschauung als Lebensform.

Man kann nur warten, bis Vertreter essentialistischer Positionen »aussterben« und dafür sorgen, daß diese Richtung möglichst wenig neue Anhänger findet. Der Glaube an die Überzeugungskraft der Vernunft sieht sich in der langen Geschichte essentialistischer Konzeptionen – die Philosophiegeschichte ist damit bis auf wenige Ausnahmen identisch – selbst widerlegt. In der Psychologie ist in den meisten Fällen nicht einmal klar geworden, in welchem Ausmaß der Essentialismus hier eine Rolle spielt. Eine ausführliche Monographie über essentialistische Vorstellungen wäre dringend geboten und könnte den größten Teil unfruchtbarer Dispute auf ihre Wurzel zurückführen und damit (hoffentlich) beenden. Eine Skizze einer logisch-wissenschaftstheoretischen Auseinandersetzung mit dem Essentialismus findet sich bei WESTMEYER (1972). Ich glaube, man kann ohne Übertreibung behaupten, daß es gegenwärtig kaum eine Theorie oder Richtung in der Psychologie gibt, die nicht in ihren Methoden oder Begriffen mehr oder weniger essentialistische Züge trägt (s. d. a. FEIGL 1962), obwohl heute – wie man sagt – keine »Schulen« im eigentlichen Sinne (das ist auch ein essentialistischer Begriff) mehr existieren. Vor allem die *kognitive Theorie* neigt immer dann zu essentialistischen Bekenntnissen, wenn sie sich vom *Behaviorismus* abzuheben sucht und ihm dabei notwendige Begrenztheit durch seine Sprache und Methodik vorwirft. Manche kognitiven Theoretiker erklären das mentalistische Vokabular für verbindlich für Psychologie überhaupt (KAMINSKI 1970) oder bestreiten grundsätzlich die Möglichkeit einer behavioralen Erklärung von Sprachereignissen (BEVER, FODOR & GARRETT 1968; CHOMSKY 1959, 1967, 1970; s.a. MILLER, GALANTER & PRIBRAM 1960). So sehr derartige Einstellungen bestimmten Vorurteilen entgegenkommen (HABERMAS 1970, RADNITZKY 1970), so wenig sind sie wissenschaftstheoretisch (GOODMAN 1967, 1969; PUTNAM 1967) und sachlich (MCCORQUODALE 1970; SUPPES 1969a, 1969b; ARBIB 1969) zu halten (siehe vor allem BLACK 1970).

Wer die Notwendigkeit mentalistischer Begriffe leugnet, wird als *radikaler Behaviorist* eingestuft (SCRIVEN 1956). Damit wird man nicht unmittelbar zum Essentialisten (s. d. SUPPES 1969c). Man wehrt sich lediglich dagegen, eine bestimmte Klasse von Begriffen als verbindlich anzuerkennen, negiert also eine essentialistische Position. Erst wenn der Behaviorist über die These »Psychologie als Wissenschaft kommt ohne mentalistische Begriffe aus« zu der Behauptung übergeht »Psychologie verliert ihren Charakter als Wissenschaft, wenn sie mentalistische Begriffe verwendet« und damit ausdrücken will, daß nur das behavioristische Vokabular für den Aufbau psychologischer Theorien zulässig ist, wird er selbst zum Essentialisten.

Mentalistische Begriffe in der psychologischen Wissenschaftssprache

SKINNER (1953) hält *dispositionelle Erklärungen* für Scheinerklärungen. Wenn z.B. bei einer Person eine Verhaltensweise beobachtet wird und man dann zur Erklärung auf eine *Disposition* (z.B. Motiv, Absicht, Antrieb, Impuls), so zu reagieren, verweist, ist damit zirkulär ein Agens als Ursache eingeführt, das man aus dem Verhalten, zu dessen Erklärung es dienen soll, erst erschlossen hat.

Dieser Argumentation kann man entgegenhalten, daß der Erklärungsversuch in der ursprünglichen Situation, die zu der Inferenz auf eine Disposition Anlaß gegeben hat, als mißglückt gelten kann, daß aber die so erschlossene Disposition in anderen Situationen Ausdruck finden könnte, so daß die Dispositionsaussage für diese Situationen prognostischen Gehalt besäße und als idiographische Hypothese ohne Zirkularität weiterer Bestätigung und Bewährung zugänglich wäre. Damit wären alle Voraussetzungen erfüllt, um von einer Erklärung sprechen zu können. Der Zirkel träte nur für die Situation im Entstehungszusammenhang der Hypothese auf.

Diese Schlußfolgerungen scheinen auf den ersten Blick plausibel, vereinfachen die Problematik aber über Gebühr. Die *mentalistischen Dispositionsbegriffe* (z.B. Antrieb, Motiv, Intention, Stimmung, Neigung, Fähigkeit, Bewußtsein, Gewohnheit usw.), die in die Explanantien derartiger Erklärungsargumente eingehen, stammen aus der Umgangssprache. RYLE (1969, s.a. MUNDLE 1970) hat gezeigt, daß diese Begriffe Reaktionen in bestimmten Situationen und Eigenschaften derartiger Reaktionen bezeichnen.

Bei einer Übernahme dieser selten präzis gefaßten Begrifflichkeiten in die psychologische Wissenschaftssprache muß eine strenge Explikation und gegebenenfalls eine erste Validierung vorgenommen werden, die geeignete Zuordnungsregeln für die Dispositionsbegriffe liefert. In diesen Zuordnungsregeln, deren Zahl offen bleiben kann, um künftige Ergebnisse empirischer und theoretischer Forschung einbeziehen zu können, wird ein mentalistischer Term so in die Sprache der Psychologie eingeführt, daß deutlich wird, welche Kriterien für die Anwendung des Begriffs im jeweiligen Fall erfüllt sein müssen.

Damit sind wir über den Entstehungszusammenhang idiographischer Hypothesen dispositioneller Art nicht hinausgekommen. Wenn das Verhalten einer Person die Anwendungskriterien erfüllt, so kann der entsprechende Begriff als auf die Person zutreffend behauptet werden. Das hat noch keinerlei explanative Funktion. Dazu sind weitere Annahmen nötig.

Im einfachsten Fall genügt es, wenn die Disposition zeitlich extrapoliert wird, so daß in künftigen Situationen der betreffenden Art entsprechende Reaktionen zu erwarten sind. Zum Zeitpunkt c_1 zeigt die Person a in der Situation b_1 das Verhalten d_1. d_1 hat die Eigenschaft E_1. E_1 qualifiziert das Verhalten d_1 und kann auch für eine Kon-

junktion elementarerer Eigenschaften stehen. Wenn die Disposition keine Angaben über eine adverbiale Qualifizierung im verbalen Modus (GRAUMANN 1960) beschriebener Verhaltensweisen enthält, kann die Bezugnahme auf die Eigenschaften von d_1 entfallen. Auf Grund des in der Situation b_1 bei a festgestellten Verhaltens d_1 wird der Person a eine Dispositionseigenschaft D_1 zugeschrieben.
Würde man »D_1a« als Erklärung für »$Vab_1d_1c_1$« (a zeigt zur Zeit c_1 in der Situation b_1 das Verhalten d_1) betrachten, so wäre das sicherlich zirkulär. Andererseits enthält »D_1a« keinen Zeitindex mehr, so daß zu einem anderen Zeitpunkt c_2, wenn sich a wieder in der Situation b_1 befindet, erneut das Verhalten d_1 zu erwarten ist.
Diese Erwartung ist allerdings nur dann berechtigt, wenn das gegebene Argument als elliptisch betrachtet und durch die Aussage

(BD1) $(p)(t)(D_1p \rightarrow (Bb_1pt \rightarrow Vpb_1d_1t))$

ergänzt werden kann. Die Disposition D_1 wird nach folgender Regel eingeführt:

(ED1) $(p)(t)(Bb_1pt \rightarrow (Vpb_1d_1t \stackrel{h}{\rightarrow} D_1p))$.

»Bspt« bedeutet »Person p befindet sich zur Zeit t in der Situation s«, »... $\stackrel{h}{\rightarrow}$ ---« bedeutet »wenn ..., so hypothetisch ---«.
ED1 läßt sich nur als *Einführungsregel* für idiographische Hypothesen, nicht als bedingte Definition des Dispositionsbegriffs D_1 auffassen, da man gerade bei einer Disposition ein einmaliges Auftreten des charakteristischen Situations-Verhaltenszusammenhanges noch nicht als hinreichend für die endgültige Zuordnung der Dispositionseigenschaft wird anerkennen wollen. So wird man z.B. in der psychologischen Diagnostik, bevor man eine Konzentrationsstörung oder eine niedrige Intelligenz diagnostiziert (beides Dispositionsbegriffe), mehrere Tests heranziehen und sich nicht mit einer einzigen Prüfung zufrieden geben.
Wir unterscheiden deshalb in dem Argument zwei Aspekte:

(a) Den *Entstehungszusammenhang* einer idiographischen Hypothese.
Dieser Aspekt läßt sich in der Einführungsregel ED1 konkretisieren.

Wenn für eine Person a gelten sollte,

$$Bb_1ac_1 \ \& \ Vab_1d_1c_1 \quad ,$$

und deshalb vermutet wird, daß

$$D_1a \quad ,$$

so kann

$$Vab_1d_1c_1$$

nicht erklärt werden durch

$$Bb_1ac_1 \;\&\; D_1a \;\&\; ED1 \quad .$$

Die Zirkularität wird also vermieden.

(b) Den *Begründungszusammenhang* einer idiographischen Hypothese. Dieser Aspekt findet Ausdruck in BD1.

Hat man auf Grund von ED1, Bb_1ac_1 und $Vab_1d_1c_1$ etwa D_1a vermutet, so kann man diese Hypothese weiter prüfen, indem man für andere Zeitpunkte ermittelt, ob a auch in Situationen der Art b_1 zu diesen anderen Zeitpunkten das Verhalten d_1 zeigt. Wenn die Konkretisierung von BD1 für die Person a

(BD1a)　(t)$(D_1a \rightarrow (Bb_1at \rightarrow Vab_1d_1t))$

zu einer Reihe strenger Prüfungen der idiographischen Hypothese »D_1a« geführt hat, ohne sie zu falsifizieren, so kann jetzt natürlich D_1a zur Erklärung von $Vab_1d_1c_1$ herangezogen werden:

(EA12)　G_1 : BD1
　　　　G_2 : D_1a
　　　　$\underline{A_1 \;:\; Bb_1ac_1}$
　　　　E　: $Vab_1d_1c_1$　.

G_1 und G_2 sind nicht allgemeine Gesetze im strengen Sinne. G_1 ist eine Zuordnungsregel, G_2 eine idiographische Hypothese.
Die Güte dieser Erklärung hängt wesentlich davon ab, wie gut G_2 bewährt ist. Die Bestätigung dieser idiographischen Hypothese ist minimal, wenn A_1 und E die einzige Evidenz sind. Erst wenn für andere Zeitpunkte als c_1 G_2 mehrfach erfolgreich für Prognosen herangezogen wurde, kann nachträglich obigem Erklärungsargument Korrektheit bescheinigt werden.
Ob es sich also, wie SKINNER behauptet, um eine unbrauchbare Selbstklärung handelt, hängt wesentlich davon ab, ob sich später die idiographische Hypothese bewährt. Ist das der Fall, geht die vermeintliche Selbsterklärung in ein korrektes Argument über. Läßt sich G_2 nicht bewähren, trifft SKINNERS Einwand zu.
Man wird also zunächst für Zeitpunkte $c_2, \ldots$ die charakteristische Situation b_1 herstellen oder aufsuchen und das Verhalten von a mit dem unter der idiographischen Hypothese zu erwartenden vergleichen:

(EA13) $G_1 : (q)(t)(D_1p \rightarrow (Bb_1pt \rightarrow Vpb_1d_1t))$
$G_2 : \qquad D_1a$

$\dfrac{A_1 : Bb_1ac_2 \quad A_2 : Bb_1ac_3 \quad A_3 : Bb_1ac_4 \quad .. \quad ......}{E_1 : Vab_1d_1c_2 \quad E_2 : Vb_1d_1c_3 \quad E_3 : Vab_1d_1c_4 \quad .. \quad ....}$

Ergeben sich Übereinstimmungen zwischen den prognostizierten und den zur Zeit c_2, ... tatsächlich eingetretenen Ereignissen, kann G_2 als gut bewährt gelten und EA12 verliert den Charakter einer Selbsterklärung.

Die Verwendung der Einführungsregel ist dann pragmatisch zu deuten. Sie definiert den Dispositionsbegriff nicht, sondern enthält nur Anweisungen, wann eine bestimmte idiographische Hypothese in Betracht zu ziehen ist. Die Umstände, die dazu Anlaß geben, können später ohne weiteres in einer korrekten Erklärung unter Bezugnahme auf dieselbe idiographische Hypothese gedeutet werden, wenn sich diese im weiteren Verlauf der Untersuchungen bewährt.

Die in der Umgangssprache verwendeten mentalistischen Begriffe erfüllen nicht die in BD1 formulierten strengen Forderungen. Wenn D_1 für a vermutet wird und in einer Situation b_1 das charakteristische Verhalten nicht eintritt, wird man die idiographische Hypothese nicht unbedingt eliminieren. Das müßte aber geschehen, wenn man BD1 als gültig voraussetzt, wie sich leicht zeigen läßt:

Aus BD1a folgt zunächst

(1) $D_1a \rightarrow (Bb_1ac_1 \rightarrow Vab_1d_1c_1)$

und weiter

(2) $(D_1a \,\&\, Bb_1ac_1) \rightarrow Vab_1d_1c_1$.

Daraus läßt sich

(3) $(Bb_1ac_1 \,\&\, D_1a) \rightarrow Vab_1d_1c_1$,

(4) $Bb_1ac_1 \rightarrow (D_1a \rightarrow Vab_1d_1c_1)$

und

(5) $Bb_1ac_1 \rightarrow (\neg Vab_1d_1c_1 \rightarrow \neg D_1a)$

ableiten.

Aus (5) gewinnt man schließlich

(6) $(Bb_1ac_1 \,\&\, \neg Vab_1d_1c_1) \rightarrow \neg D_1a$.

Wenn nun, wie angenommen,

(7) $Bb_1ac_1 \,\&\, \neg Vab_1d_1c_1$,

so folgt aus (7) und (6) durch modus ponens

(8) $\neg D_1a$.

Eben das war zu beweisen.

Diese Konsequenz wird aber selbst in den Wissenschaften selten gezogen. Statt hier von *Exhaustionen* oder *Rekurs auf störende Bedingungen* (HOLZKAMP 1964, 1968) zu sprechen, liegt es näher, die in dieser Beweisführung verwendeten Gesetze so zu modifizieren, daß diesem Vorgehen in den Wissenschaften Rechnung getragen wird. DB1 kann ergänzt oder liberalisiert werden.

Bei einer *Ergänzung* werden weitere notwendige Symptomsätze in der Art von BD1 eingeführt, die auf andere Situationen und das in ihnen unten der Annahme, daß die Disposition vorliegt, zu erwartende Verhalten eingehen. Intelligenz z.B. wird sich in vielen Situationen äußern und auf ganz unterschiedliche Verhaltensweisen Einfluß nehmen.

Eine *Liberalisierung* kann dazu führen, daß in einer bestimmten Situation nicht nur ein bestimmtes Verhalten erwartet wird, sondern alternativ eine ganze Reihe unterschiedlicher Verhaltensweisen.

Ergänzung und Liberalisierung können auch gemeinsam auftreten.

Eine *Ergänzung* führt zum Beispiel zu folgendem Ausdruck:

(BD2) $(p)(t)(D_1 p \rightarrow (Bb_1 pt \rightarrow Vpb_1 d_1 t))$
    $(p)(t)(D_1 p \rightarrow (Bb_2 pt \rightarrow Vpb_2 d_2 t))$
    $\vdots$
    $(p)(t)(D_1 p \rightarrow (Bb_n pt \rightarrow Vpb_n d_n t))$

oder, zusammengefaßt,

(BD2) $(p)(t)(D_1 p \rightarrow \overset{n}{\underset{i=1}{\wedge}} (Bb_i pt \rightarrow Vpb_i d_i t))$.

Für einen bestimmten Dispositionsbegriff D_1 ist n zu einem bestimmten Zeitpunkt eine Konstante.

Eine *Liberalisierung* nimmt folgende Gestalt an:

(BD3) $(p)(t)(D_1 p \rightarrow (Bb_1 pt \rightarrow (Vpb_1 d_1 t \vee \ldots \vee Vpb_1 d_m t)))$,

das heißt,

(BD3) $(p)(t)(D_1 p \rightarrow (Bb_1 pt \rightarrow \overset{m}{\underset{j=1}{\vee}} Vpb_1 d_j t))$.

Für einen bestimmten Dispositionsbegriff D_1 ist m zu einem bestimmten Zeitpunkt eine Konstante.

Eine Kombination von Liberalisierung und Ergänzung führt zu:

(BD4) $(p)(t)(D_1 p \rightarrow \overset{n}{\underset{i=1}{\wedge}} (Bb_i pt \rightarrow \overset{m_i}{\underset{ji=1i}{\vee}} Vpb_i d_{ji} t))$.

Für einen bestimmten Dispositionsbegriff D_1 sind n und mi zu einem bestimmten Zeitpunkt Konstanten. Eben das unterscheidet wissenschaftssprachliche Dispositionsbegriffe von Dispositionsbegriffen, wie sie in der Umgangssprache verwendet werden. Nur ein a priori Linguist (s. d. MUNDLE 1970) kann die Bedeutung eines umgangssprachlichen Dispositionsbegriffs, z. B. eines mentalistischen Terms, exakt angeben. Soll dieser Begriff in die Wissenschaftssprache übernommen werden, muß ein BD4 analoges Gefüge von Zuordnungsregeln konstruiert werden. Andernfalls hat der Begriff keine präzise Bedeutung.

Eine Verallgemeinerung von BD4 auf Dispositionsbegriffe überhaupt nimmt folgendes Schema vor:

(BD5) (D)(p)(t)(Es$_1$)....(Es$_n$)(Er$_{11}$)...(Er$_{m1}$)...(Er$_{1n}$)...(Er$_{mn}$)

$$\underbrace{}_{n} \quad \underbrace{}_{mi}$$

(Dp $\to$ i=1 (Bs$_i$pt $\to$ ji=1i Vps$_i$r$_{ji}$t)).

Der *Existenzoperator* in BD5 ist so zu interpretieren, daß er nicht nur die Existenz behauptet, sondern die konkrete Angabe der entsprechenden Situationen und Verhaltensweisen für ein bestimmtes D verlangt. BD5 kann als Schema verstanden werden, das für alle Dispositionsbegriffe gilt und ausdrückt, was zu tun ist, um einen bestimmten Dispositionsbegriff in die Wissenschaftssprache einzuführen. Eine entsprechende Erweiterung muß natürlich auch für die Einführungsregel ED1 vorgenommen werden.

Immer, wenn man in die Wissenschaftssprache der Psychologie einen mentalistischen Begriff verwendet, der dispositionellen Charakter hat, muß für diesen Begriff in der Wissenschaftssprache eine entsprechende Konkretisierung von BD5 vorliegen. Erwünscht ist weiter eine Präzisierung der Alternative im Sukzedens in Form einer Konjunktion von Wahrscheinlichkeitsaussagen. Man wüßte dann nicht nur, welche Reaktionen in einer bestimmten Situation vom Dispositionsträger zu erwarten sind, sondern auch jeweils mit welcher Wahrscheinlichkeit. Das wird in Erklärungen und Vorhersagen relevant, die auf Dispositionsaussagen Bezug nehmen.

Das Erklärungsargument

(EA14) G_1 : BD4
         G_2 : D_1a
         A_1 : Bb$_1$ac$_1$
         ─────────────
         E   : Vab$_1$d$_{11}$c$_1$

ist nicht korrekt. Der Übergang vom Explanans zum Explanandum ist nicht deduktiv, denn aus BD4 und D_1a folgt zunächst

(1) $$(t) \bigwedge_{i=1}^{n} (Bb_1 at \rightarrow \bigvee_{ji=1i}^{mi} Vab_1 d_{ji} t) \quad .$$

Setzt man die Konstanten aus A_1 für die Variablen in (1) ein, so erhält man

(2) $$Bb_1 ac_1 \rightarrow \bigvee_{j1=11}^{ml} Vab_1 d_{j1} c_1 \quad .$$

Aus (2) gewinnt man zusammen mit A_1 durch Abtrennung

(3) $$\bigvee_{j1=11}^{ml} Vab_1 d_{j1} c_1 \quad ,$$

das heißt,

(4) $Vab_1 d_{11} c_1 \; v \ldots v \; Vab_1 d_{j1} c_1 \; v \ldots v \; Vab_1 d_{m1} c_1 \quad .$

E entspricht dem ersten Glied der Alternative (4). Ein Schluß von (3) bzw. (4) auf E ist nicht deduktiv. Ein Wahrscheinlichkeitsschluß wird erst möglich, wenn die Alternative in eine Konjuktion von Wahrscheinlichkeitsaussagen aufgelöst wird. Solange ist nur

(EA15) G_1 : BD4
          G_2 : D_1a
          A_1 : $Bb_1 ac_1$
          ─────────────
          E : $\bigvee_{j1=11}^{ml} Vab_1 d_{j1} c_1$

ein korrektes Argument. Gilt darüberhinaus, daß für G_2 und A_1

(5) $p(Vab_1 d_{11} c_1) = h \quad ,$

so kann ein korrektes induktiv-statistisches Argument gebildet werden:

(EA16) G_1 : BD4'
          G_2 : D_1a
          A_1 : $Bb_1 ac_1$
          ───────────── [h]
          E : $Vab_1 d_{11} c_1$

BD4' ist die präzisierte Fassung von BD4 und enthält im Sukzedens statt der Alternative eine Konjunktion von Wahrscheinlichkeitsaussagen, unter anderem auch (5).

Damit sind die Anforderungen, die an kategorische (qualitative) Dispositionsbegriffe bei ihrer Übernahme von der Umgangs- in die Wissenschaftssprache zu stellen sind, hinreichend präzisiert (s. d. a. CARNAP 1956; PAP 1955, 1958, 1962). Für quantitative Begriffe ist ohnehin die Konstruktion geeigneter Meßverfahren Voraussetzung einer Aufnahme in die Wissenschaftssprache. Die implikativen Beziehungen der Symptomsätze sind in diesem Fall durch funktionale Beziehungen zu ersetzen.

BD5 zeigt, daß auch für qualitative Dispositionsbegriffe exakte Gebrauchsregeln formulierbar sind, die den entsprechenden idiographischen Hypothesen explanativen und prognostischen Gehalt sichern. Auch eine qualitative Wissenschaftssprache kann und muß präzise sein.

Zusammenfassung

Wir haben eine strenge Trennung zwischen Umgangs- und Wissenschaftssprache vorgenommen und darauf hingewiesen, daß die Alltagssprache als psychologische Wissenschaftssprache denkbar ungeeignet ist. Die Vorliebe vieler Psychologen für die Umgangssprache als wissenschaftliches Ausdrucksmedium wurde u. a. auf ein Mißverständnis der semantischen These »Die Umgangssprache ist die oberste Metasprache« und auf die in der Psychologie weit verbreitete Neigung zum Essentialismus zurückgeführt.

Es ließ sich zeigen, daß sich die semantische These bei korrekter Interpretation gerade gegen die Umgangssprache als Wissenschaftssprache wendet und daß Schlüsse, die man aus ihrer pragmatischen Deutung zieht, ganz einfach falsch sind.

Essentialisten postulieren Verbindlichkeit bestimmter Begriffe und Methoden für eine befriedigende Beschreibung und Erklärung der Ereignisse eines Gegenstandsbereichs. Alternative Entwürfe, die sich anderer Methoden bedienen oder auf die betreffenden Begriffe verzichten, werden grundsätzlich abgelehnt oder als so restriktiv bezeichnet, daß sie nur einen – meist belanglosen – Teilbereich erfassen können. Die Unhaltbarkeit dieser konservativen und intoleranten Positionen wurde aufgewiesen.

Essentialistische Ansätze in der Psychologie favorisieren häufig mentalistische Begriffe, die dann zu unabdingbaren Bestandteilen psychologischer Wissenschaftssprache erklärt werden. Wir haben den umgangssprachlichen Charakter dieser Begriffe gekennzeichnet und für Dispositionsbegriffe allgemein – zu ihnen gehören auch die meisten mentalistischen Begriffe – Kriterien formuliert, die bei einer Übernahme eines umgangssprachlichen qualitativen Dispositionsbegriffs in eine Wissenschaftssprache erfüllt sein müssen.

Zum Menschenbild der Psychologie

Vorbemerkungen

An Kontroversen besteht in den Humanwissenschaften in der BRD kein Mangel. Der Positivismusstreit in der deutschen Soziologie (ADORNO et al. 1969) ist noch in guter Erinnerung, die Auseinandersetzung zwischen HOLZKAMP (1970, 1971) und ALBERT (1971) gerade erst beendet (HOLZKAMP 1972). In beiden Fällen ist man über eine Klärung der Fronten nicht hinausgekommen. Die unterschiedlichen Standards vernünftiger wissenschaftlicher Rede und die damit verbundene Ambiguität in Ausdrucksweise und Schlußfolgerung haben zusammen mit der Neigung zum Essentialismus selbst ein einfaches Verständnis der gegnerischen Position behindert. Zu einer Lösung der Streitfragen ist es nicht gekommen. Keine Partei hat sich der anderen genähert. ADORNO (1969) erweckt mit seiner im Anschluß an die Kontroverse verfassten Einleitung in die Problematik den Eindruck, als sei die Diskussion spurlos an ihm vorübergegangen. HOLZKAMP (1972, 274f) hat sich nur noch weiter von ALBERT entfernt.

Eben diese mißlichen Erfahrungen halten uns davon ab, an dieser Stelle eine sicherlich interessante (die emotionale Beteiligung nicht so sehr der Diskutanten selbst, als vielmehr ihrer jeweiligen Anhängerschaften ist ja ein hervorstechendes Charakteristikum derartiger Auseinandersetzungen), aber eben aussichtslose Kontroverse zwischen SKINNER und HOLZKAMP anzuregen. Dennoch wollen wir, da die allgemeine Verhaltenstheorie anthropologische Konsequenzen hat, auf einige Ausführungen HOLZKAMPs eingehen, die in diesem Zusammenhang von Interesse sind. Dabei kommt es uns nicht auf eine angemessene Würdigung seiner Position an – diese hat sich in den letzten Jahren derart gewandelt, daß die Entwicklung seiner Anschauungen in ihren vielfältigen Verästelungen wohl nur von ihm selbst korrekt rekonstruiert werden kann –, sondern auf die Auseinandersetzung mit sachlichen Argumenten, egal ob Holzkamp selbst heute noch zu ihnen steht oder sie durch seine neueste Entwicklung für überholt hält. Die für den (künftigen) Wissenschaftshistoriker vielleicht interessante Assoziation bestimmter Aussagen mit seiner Person kann in unserem Zusammenhang als akzidentell betrachtet werden.

Die geisteswissenschaftliche Literatur lebt von den Mißverständnissen bei ihren Lesern und Kritikern. Umgangssprachliche Äußerungen laufen immer Gefahr, anders ausgelegt zu werden, als sie vom Autor gemeint sind. Als Dilettanten in der Kunst der Hermeneutik schränken wir deshalb den Geltungsanspruch unserer Ausführungen auf bestimmte Aussagen Holzkamps, wie wir sie verstehen, ein. Das ist eigentlich trivial und gilt für alle kritischen Auseinandersetzungen, soll aber möglichen Einwänden der Form »So hat Holzkamp das gar nicht gemeint«, wie sie von Holzkamp-Exegeten u. U. zu erwarten sind, vorbeugen. Wenn es sich einbürgern würde, die Verantwortung für Mißverständnisse, die aus unklarer Sprache erwachsen, grundsätzlich dem Verfasser und nicht dem Leser oder Kritiker anzulasten, könnten wir uns derartige Vorbemerkungen ersparen.[19]

Kritik der experimentellen Psychologie

Wir haben gesehen, daß sich eine Psychologie, die Kausalanalysen vornehmen, Sukzessionsgesetze finden, korrekte Voraussagen machen und historisch-genetische Erklärungen geben will, der experimentellen Methode bedienen muß. Ohne eine systematische Beobachtung lassen sich Änderungen in den Reaktionsraten nur schwer oder gar nicht feststellen. Die Entdeckung der Bedeutung von Verstärkungszusammenhängen (Skinner 1969) wäre ohne experimentelle Analyse nur auf der Basis von zufälligen Alltagsbeobachtungen undenkbar gewesen (Skinner 1971, 148). Zu einer Typologie konkreter Verstärkungspläne (Ferster & Skinner 1957) hätte auch eine systematische Beobachtung in natürlicher Umwelt nicht geführt. Andererseits können die im Laboratorium entdeckten und bewährten Gesetzmäßigkeiten in ihrer Übertragung auf Alltagsrealität unser Verständnis durch Wie-es-möglich-war, daß-Erklärungen erweitern und über eine entsprechende Verhaltenstechnologie für die bewußte Gestaltung unserer Umwelt Bedeutung gewinnen.

Die experimentelle Methode und ihre Auswirkungen auf gesellschaftliche Praxis werden von HOLZKAMP ernstlich in Frage gestellt. Seine Kritik richtet sich auf wenigstens drei Aspekte:

(a) das dem experimentellen Vorgehen zugrunde liegende Bedingungsmodell;
(b) die »verborgenen anthropologischen Voraussetzungen« der experimentellen bzw. allgemeinen Psychologie;
(c) die Beziehung zwischen der experimentellen und der Alltagsrealität, d. h. die Relevanz experimenteller Forschungsergebnisse für psychologische Praxis am Individuum in natürlicher Umwelt.

Scheinrealisation und störende Bedingungen

Wenn in einem Experiment, in dem eine Hypothese »Wenn die Bedingungen B_1, ..., B_n vorliegen, so tritt das Ereignis E ein« geprüft werden soll, die Bedingungen B_1, ..., B_n hergestellt werden und das unter diesen Bedingungen entsprechend der Hypothese zu erwartende Ereignis E tatsächlich eintritt, »muß diese Übereinstimmung nicht durch die im Wenn-Teil der Hypothese formulierten experimentellen Bedingungen zustande gekommen sein, sondern sie kann ebenfalls auf störende Bedingungen zurückgehen« (HOLZKAMP 1972, 164). In diesem Fall spricht HOLZKAMP von einer *Scheinrealisation*: die »theoretische Effektbehauptung« wurde nur scheinbar realisiert, tatsächlich ist das Ereignis auf Grund anderer Bedingungen »zustande gekommen«.

Die Begriffe »Effektbehauptung« und »zustande gekommen« deuten hier auf einen offenbar vorausgesetzten *Wirkzusammenhang* hin. Dazu paßt auch die These, daß »bei ›Naturvorgängen‹ der positive Nachweis des Vorliegens eines Bedingungszusammenhanges niemals erbracht werden kann« (164). Bedingungszusammenhänge müssen nicht als objektiv gegeben angenommen werden, sondern können als theoretische Aussagen, die in Experimenten bewährt oder falsifiziert werden können, gedeutet werden. B_1, ..., B_n »bewirken« E nicht, sondern stehen lediglich mit E in dem in der Hypothese »Wenn B_1, ..., B_n, so E« konkretisierten Zusammenhang.

Wenn deshalb diese Hypothese gut bewährt ist, besteht kein Grund, von einer Scheinrealisation zu sprechen. Im Experiment wird ja kein Wirkzusammenhang realisiert, sondern eine Aussage, die bei Vorliegen von $B_1, \ldots, B_n$ auch den Eintritt von E erwarten läßt. Die Hypothese macht keine Aussage darüber, wie E »zustande gekommen« ist.

Von »störenden Bedingungen« kann man nur dann sprechen, wenn sich bei anderen Experimenten, die zur Prüfung einer Hypothese »Wenn $C_1, \ldots, C_m$, so E« durchgeführt werden, ergibt, daß E auch eintritt, wenn $C_1, \ldots, C_m$ vorliegen und daß immer dann, wenn $B_1, \ldots, B_n$ gegeben sind, auch $C_1, \ldots, C_m$ vorliegen, ohne allerdings eigens hergestellt zu werden.

Man kann nun versuchen, eine Auszeichnung der $C_1, \ldots, C_m$ gegenüber den $B_1, \ldots, B_n$ in bezug auf E vorzunehmen, indem man ermittelt, was sich ergibt, wenn $C_1, \ldots, C_m$ hergestellt und $B_1, \ldots, B_n$ ausgeschlossen werden. Tritt in diesem Fall trotzdem E ein, so kann man $C_1, \ldots, C_m$ für die determinierenden Bedingungen halten und in $B_1, \ldots, B_n$ Bedingungen sehen, die akzidentell für E sind und auf die nur deshalb E folgt, weil die determinierenden Bedingungen vorliegen, wenn sie hergestellt werden (aber nicht umgekehrt).

Trotzdem besteht, wenn man auf die Metaphysik des Wirkzusammenhanges verzichtet, kein Grund, die ursprüngliche Hypothese »Wenn $B_1, \ldots, B_n$, so E« fallen zu lassen. Solange sich diese Hypothese bewährt, sind $B_1, \ldots, B_n$ *hinreichende Bedingungen* für das Eintreten von E. Das Konzept der Scheinrealisation setzt offenbar voraus, daß nur hinreichende *und* notwendige Bedingungen in Betracht gezogen werden.

Wenn E eintritt und nur $C_1, \ldots, C_m$ und nicht $B_1, \ldots, B_n$ vorliegen, spricht das eben dafür, daß es sich bei $B_1, \ldots, B_n$ nicht um notwendige Bedingungen handelt. Wenn dagegen $C_1, \ldots, C_m$ immer gegeben sind, wenn $B_1, \ldots, B_n$ realisiert werden und E eintritt, könnte man $C_1, \ldots, C_m$ als hinreichende und notwendige Bedingungen bezeichnen, es sei denn, weitere Bedingungen $D_1, \ldots, D_0$ kämen hier ins Spiel. Die Möglichkeit einer Scheinrealisation spricht also nicht gegen die Möglichkeit gut bewährter Hypothesen, die hinreichende Bedingungen für den Eintritt eines Ereignisses angeben, sondern lediglich für die Möglichkeit, daß sich in einer Hypothese formulierte hinreichende und notwendige Bedingungen nur als hinreichend, aber nicht als notwendig erweisen. Das bedeutet, daß sich ursächliche Zusammenhänge – die moderne Wissenschaftstheorie (KLAUS 1966, STEGMÜLLER 1960) interpretiert den Begriff der Ursache durch den der hinreichenden und notwendigen Bedingung – nicht in Experimenten letztgültig erweisen lassen. *Zum Zwecke der Erklärung und Prognose reichen hinreichende Bedingungen völlig aus.*

HOLZKAMP (1972, 165f) führt aus:

»Ich gehe zunächst von dem Fall aus, daß die nach dem Realisierungsversuch vorliegenden empirischen Daten als mit den im Dann-Teil der Hypothese formulierten Effektbehauptungen übereinstimmend beurteilt werden. Um hier die Annahme einer Bestätigung der Hypothese zu widerlegen, wäre der Nachweis des Vorliegens einer Scheinrealisation zu führen. Dies ist gleichbedeutend mit der empirischen Bestätigung der aus dem Bedingungsmodell abgeleiteten methodologischen Hypothese, daß die Übereinstimmungsbeziehung zwischen Effektbehauptungen und Daten auf die Wirksamkeit ›gleichgerichteter‹ ›gekoppelter‹ Störbedingungen, also – grob gesprochen – systematischer, in gleicher Richtung wie die experimentellen Bedingungen wirkender Störbedingungen zurückgeht. Diese methodologische These wäre etwa als bestätigt und damit die theoretische Hypothese als zurückgewiesen zu betrachten, wenn gezeigt werden kann, daß die Übereinstimmungsbeziehung nach Ausschaltung der gleichgerichteten gekoppelten Störbedingung nicht mehr auftritt oder daß die Übereinstimmungsbeziehung durch die Variation der experimentellen Bedingung nicht verändert wird.«

In dieser Passage wird die Voraussetzung eines Wirkzusammenhanges besonders deutlich. Nehmen wir an, $B_1, ..., B_n$ seien die experimentellen, $C_1, ..., C_m$ die störenden Bedingungen. Die theoretische Hypothese lautet dann:

(1) $B_1, ..., B_n \rightarrow E$.

Nehmen wir weiter an, die Hypothese sei gut bewährt. Trotzdem mögen $C_1, ..., C_m$ die »eigentlichen« Bedingungen für E sein:

(2) $C_1, ..., C_m \leftrightarrow E$.

Nun sollen diese Bedingungen mit den experimentellen Bedingungen »gleichgerichtet« und »gekoppelt« sein. Diese Aussage spricht zusammen mit HOLZKAMPs Explikation der Begriffe – systematische, in gleicher Richtung wie die experimentellen Bedingungen wirkende Störbedingungen – für folgende Konkretisierung des Verhältnisses der störenden zu den experimentellen Bedingungen:

(3) $B_1, ..., B_n \rightarrow C_1, ..., C_m$.

Nun gilt einerseits, daß aus (1) und (2) Satz (3), andererseits, daß (1) aus (2) und (3) folgt.
Wenn (1) gut bestätigt ist und gleichzeitig (2) gilt, so müssen die störenden und experimentellen Bedingungen in der in (3) ausgedrückten Weise gekoppelt sein. Wenn dagegen (2) als gut bewährt gilt und (3) als adäquate Darstellung des Kopplungsverhältnisses angesehen werden kann, so muß (1) gelten.
Wenn statt (2) nur

(2') $C_1, ..., C_m \rightarrow E$

gilt, da die störenden Bedingungen $C_1, ..., C_m$ selbst wieder durch andere Bedingungen $D_1, ..., D_0$ gestört werden können, folgt immer noch (1) aus (2') und (3).

Unter der Bedingung, daß (3) – und wie sollte man die Kopplung und Gleichgerichtetheit anders ausdrücken – gilt, kann überhaupt nicht gezeigt werden, daß die Übereinstimmungsbeziehung nach Ausschaltung der gleichgerichteten gekoppelten Störbedingungen nicht mehr auftritt. Das ist schon rein logisch unmöglich. Aus (2) folgt nämlich

(4) $\neg E \leftrightarrow \neg (C_1, ..., C_m)$

und aus (3)

(5) $\neg (C_1, ..., C_m) \to \neg (B_1, ..., B_m)$.

Wenn nun die störenden Bedingungen ausgeschaltet werden, d.h.

(6) $\neg (C_1, ..., C_m)$,

so kann auf Grund von (4) auch E nicht eintreten. Aber auf Grund von (5) können dann auch die experimentellen Bedingungen nicht vorliegen. Die theoretische Annahme, wie sie in (1) formuliert ist, kann auf diese Weise nicht zurückgewiesen werden. Die methodologische These ist gar nicht bewährbar. Da die experimentellen Bedingungen für den Fall, daß die störenden Bedingungen ausgeschaltet werden, ebenfalls nicht gegeben sein können, wird (1) überhaupt nicht tangiert.

Dasselbe gilt, wenn man statt (2) lediglich (2') akzeptiert. Auch dann folgt aus (3) die Aussage (5). Zusammen mit (6) erhält man, daß die experimentellen Bedingungen nicht vorliegen, so daß (1) gar nicht betroffen ist, wenn unter diesen Umständen E nicht eintreten sollte. So läßt sich die methodologische These einer Scheinrealisation nicht bestätigen. Die Annahme, bestimmte Bedingungen seien notwendig für den Eintritt eines Ereignisses, kann durch Rekurs auf störende Bedingungen, die dann allerdings, wie auch bei $C_1, ..., C_m$ vorausgesetzt, bekannt sein müssen, u.U. falsifiziert werden. Das spricht nicht gegen die Möglichkeit, hinreichende Bedingungen für den Eintritt eines Ereignisses zu formulieren. Gerade im Zusammenhang mit historisch-genetischen Erklärungen wird man kaum hinreichende und notwendige Bedingungen für ein bestimmtes Verhaltensereignis aufweisen können. In den meisten Fällen sind potentiell unendlich viele Explanantien für ein gegebenes Explanandum möglich. Würden in diesem Bereich notwendige Bedingungen existieren, käme für ein Explanandum auch nur ein einziges Explanans in Frage. Das ist innerhalb der allgemeinen Verhaltenstheorie in ihrer gegenwärtigen Formulierung nie der Fall.

Die zweite von HOLZKAMP angeführte Möglichkeit, die theoretische Hypothese zugunsten der methodologischen zurückzuweisen, ist trivial. Wenn sich bei einer Variation der experimentellen Bedingungen keine Veränderung der Übereinstimmungsbeziehung ergibt, kann die theoretische Annahme als falsifiziert gelten, wenn eine derartige Veränderung aus der Hypothese folgt. Wenn z. B. beim Fallgesetz

$$s = \frac{g}{2} t^2$$

die Fallstrecke variiert wird und sich die Falldauer nicht verändert, ist s offenbar unabhängig von t, so daß die im Fallgesetz behauptete Beziehung nicht gilt. Wenn sich vorher für ein bestimmtes s und ein bestimmtes t eine dem Fallgesetz entsprechende Übereinstimmungsbeziehung ergeben haben sollte, kann es sich dabei nur um eine Scheinrealisation gehalten haben. Das spricht keineswegs gegen die experimentelle Methode, sondern nur für strenge Prüfungen theoretischer Annahmen.

Anthropologische Voraussetzungen

Der experimentellen Methode in der Psychologie liegen, so HOLZKAMP (1972, 35–73), verborgene anthropologische Voraussetzungen zugrunde, die sich im Begriff der *Norm-Versuchsperson* konkretisieren lassen.

»Die gedachte Norm-Vp. – und soweit das Konzept Norm-Vp. im Experiment realisiert werden konnte, auch die Person innerhalb der experimentellen Anordnung – ist nicht ein Mensch in jeweils besonderer, gesellschaftlich-historischer Lage, dessen Welt- und Selbstsicht durch diese Lage bedingt sind, sondern ein ahistorisches Individuum, dessen Verhalten nur von den als Ausgangsbedingungen vorgegebenen Stimulus-Momenten und Zwischenvariablen abhängt – die historisch-gesellschaftliche Bedingtheit des Menschen in je konkreter Lage soll gemäß dem nomothetischen Konzept der Norm-Vp. ja gerade als ›Fehlervarianz‹ ausgeschaltet bzw. neutralisiert werden.« (1972, 54)

In dieser Stellungnahme deutet sich bereits ein bestimmtes Gegenstandsverständnis von Psychologie an: Als Gegenstand der Psychologie hat man »den wirklichen Menschen in konkreter historisch-gesellschaftlicher Lage« zu betrachten (1972, 72). Ein angemessenes Verständnis dieses Gegenstandes ist in der Tat mit einem experimentellen Vorgehen, das den »wirklichen Menschen« auf eine ahistorische Norm-Vp. reduziert, nicht – zumindest nicht unmittelbar – erreichbar. Andererseits ist die *Geschichtslosigkeit* und *negierte Individualität* von Versuchspersonen kein allgemeines Charakteristikum der experimentellen Methode als solche. HOLZKAMPS Einwände treffen nur den, der einmal seine Gegenstandsauffassung teilt und zum anderen auf einen bestimmten Typ psychologischer Experimente festgelegt ist. Wir haben gesehen, daß eine Gegenstandskennzeichnung exakt nur theoriespezifisch vorgenommen werden kann. Die Art der Theorie bedingt die Art der Experimente, die zu ihrer Prüfung durchzuführen sind. Ob die Theorie haltbar ist oder fallengelassen werden muß, hängt vom Resultat dieser Prüfungen ab, nicht von dem Ausmaß, in dem die Theorie bestimmte a priori als verbindlich gesetzte Merkmale des Menschen berücksichtigt. Ob in jedem Fall das Verhalten einer Person in der experimentellen Situation durch ihre konkrete historisch-gesellschaftliche Lage, in der sie sich außerhalb des Laboratoriums befindet, bedingt wird oder ob die experimentelle Anordnung die wesentlichen Determinanten enthält, ist eine empirische Frage. So bleibt die Behauptung HOLZKAMPS, daß »die in der Psychologie vom Experimentator hergestellten Ausgangsbedingungen ... nicht die eigentlichen Bedingungen für das Zustandekommen der Reaktionen der Vp. als experimentelle Effekte sind« (1972, 15) und daß die eigentlichen Bedingungen in den verborgenen Sichtweisen und Stellungnahmen der Versuchspersonen zu sehen sind, ohne Verbindlichkeit.

Die essentialistische Grundtendenz könnte sich kaum deutlicher manifestieren. Die »eigentlichen Bedingungen« liegen in den »verborgenen Sichtweisen und Stellungnahmen.« Hier wird a priori die »historisch gewordene und gesellschaftsbedingte Selbst- und Weltsicht« zur eigentlichen Ursache allen Verhaltens. Daraus folgt unmittelbar, daß ein organismischer Ansatz notwendig am »eigentlichen« Gegenstand der Psychologie vorbeigehen muß. Die allgemeine Verhaltenstheorie, die mit der experimentellen Methode engstens verknüpft ist, hat in diesem Rahmen keine Funktion.[20]
Interessanterweise vertritt gerade die Verhaltenstheorie einen experimentellen Ansatz, der die Historizität des Menschen noch am deutlichsten berücksichtigt. Ihre Analyse hat ergeben, daß in vielen Fällen eine korrekte Erklärung von Verhaltensereignissen eine detaillierte Kenntnis der Reiz- und Reaktionsgeschichte des jeweiligen Individuums voraussetzt. Ebenso erfordert eine korrekte Prognose die Kenntnis der auf den Organismus einwirkenden Bedingungen in

der Zeit zwischen der Prognose und dem Eintreten des prognostizierten Ereignisses. Wenn das Verhalten eines Menschen im historisch-gesellschaftlichen Prozeß vorausgesagt werden sollte, würde die Verhaltenstheorie die Konstruktion einer entsprechenden Individualtheorie fordern, die selbstverständlich die Verhaltensgenese und die soziale Einbettung des Menschen berücksichtigen müßte. Da eine genaue Kenntnis dieser Daten nicht außerhalb kontrollierter Umgebungen erreichbar ist, kann sich die Verhaltenstheorie gegenwärtig derartige Ziele noch nicht setzen. Erst über eine Verhaltenstechnologie, die innerhalb der Alltagsrealität Laborbedingungen schafft, ist eine exakte Übertragung auf den »wirklichen Menschen« – was immer das sein mag – möglich. Wir sehen, daß eine historisch-genetische Betrachtungsweise gerade nach der experimentellen Methode verlangt, will sie über unverbindliche Aussagen, wie sie Historiker und Biographen geben, hinauskommen. Von einer Norm-Vp. kann innerhalb der Verhaltenstheorie keine Rede sein. Die über spezifische Verstärkerhypothesen zu formulierenden Individualtheorien haben jeweils eine ganz bestimmte Person und ihr Verhalten in Abhängigkeit von Reizen, Situationen und Zeitpunkten zu ihrem Gegenstand. Allerdings bietet die Theorie für Begriffe wie Selbst- und Weltsicht und verborgene Stellungnahmen und Sichtweisen kein unmittelbares Äquivalent. An ihre Stelle treten bestimmte Verstärkerhypothesen und Verstärkungszusammenhänge, Verstärkungspläne und Auftrittswahrscheinlichkeiten von Reaktionen.

Dieser Übergang von einem philosophischen zu einem wissenschaftlichen Vokabular muß nicht notwendig als *Dehumanisierung des Menschen* durch die Psychologie gedeutet werden, sondern kann auch wohlwollender als *Dehomunkulisierung* (SKINNER 1971, 200) verstanden werden. Die Wissenschaft kann, wenn ihr die traditionellen Kategorien ungeeignet scheinen, eine neue präzisere Sprache an ihre Stelle setzen. Die emotionale Reaktion konservativer Kreise, die mit einer neuen Sprache ihr Bild vom Menschen gefährdet sehen, ist verständlich und in der Wissenschaftsgeschichte ausreichend dokumentiert, sollte aber nicht als Einwand gegen eine organismische Betrachtungsweise des Menschen ausgelegt werden.

Um HOLZKAMP nicht Unrecht zu tun: Seine Einwände sind durchaus berechtigt, wenn sie sich auf bestimmte, nicht eben seltene Formen psychologischen Experimentierens beziehen. Wenn in Wahrnehmungsexperimenten z.B. aus den verbalen Äußerungen von Versuchspersonen auf dargebotene Stimuli unmittelbar auf bestimmte

Vorkommnisse in den »Wahrnehmungswelten« (?) dieser Personen geschlossen wird, ohne daß die individuelle Selbst- und Weltsicht, die sich in diesem Fall in den spezifischen Gewohnheiten verbalen Verhaltens äußert, in Betracht gezogen wird, geht man implizit von einer Norm-Vp. aus, deren Sprachverhalten vernachlässigbar ist. Für sämtliche Einschätzungen, denen keine individuelle semantische Analyse (NAESS 1949) vorausgeht, gilt Ähnliches. Es handelt sich hier nur um eine deskriptive Aufzeichnung von Sprachverhalten in bestimmten Situationen. Zu den Ereignissen der »Wahrnehmungswelt« oder zu den Einstellungen und Wertschätzungen führt kein Weg. Das Konzept der Norm-Vp. liegt vor allem den gängigsten statistischen Verfahren zugrunde. In dieser Frage stimmen HOLZKAMP und SKINNER überein:

»Das komplexe System, das wir Organismus nennen, hat eine lange und weitgehend unbekannte Geschichte, die es mit einer bestimmten Individualität ausstatten. Keine zwei Organismen treten ein Experiment in der gleichen Verfassung an, noch sind sie durch die Zusammenhänge in einem Experimentalraum in derselben Weise betroffen. (Es ist typisch für die meisten Zusammenhänge, daß sie nicht präzise kontrolliert werden und in jedem Fall nur zusammen mit dem Verhalten, das der Organismus in das Experiment einbringt, wirksam werden.) Statistische Techniken können diese Art der Individualität nicht eliminieren; sie können sie nur verdunkeln und verfälschen. Eine gemittelte Kurve gibt selten irgendeinen der Fälle, auf denen sie beruht, korrekt wieder.« (SKINNER 1966, 20f)

Dementsprechend untersucht SKINNER nicht tausend Ratten je eine Stunde, sondern eine Ratte möglichst tausend Stunden. Menschen sind – der Psychologe wird es bedauern – weniger geduldig und ausdauernd in ihrer Rolle als Versuchspersonen. Das muß jedoch nicht zwangsläufig in die Arme immer neuer statistischer Verfahren führen, deren mathematische Eleganz besticht, für die man aber erst Phänomene suchen muß, auf die sie passen, statt daß man, von einer Theorie ausgehend, gezielt für die Lösung bestimmter Meß- oder Überprüfungsprobleme adäquate Methoden entwickelt, sondern läßt eine zumindest partielle Realisierung etwa innerhalb verhaltenstherapeutischer Behandlungszentren zu. Darauf sind wir schon an anderer Stelle eingegangen.

Die genannten Einwände HOLZKAMPS gegen die experimentelle Methode treffen nicht SKINNER, sondern nur eine bestimmte Variante psychologischer Forschung, die durch möglichst hohe Versuchspersonenzahlen, Verwendung statistischer Verfahren, relativ kurze Versuchsdauer und Desinteresse an der Individualität der einzelnen Versuchspersonen gekennzeichnet werden kann. (Das ist nicht als Einwand gegen statistische Verfahren überhaupt gemeint.)

Die Verschränkung eines idiographischen mit einem nomothetischen Ansatz, wie man sie in der Verhaltenstheorie findet, hat nicht die Erfassung der Individualität eines Einzelnen zum Selbstzweck, sondern berücksichtigt Individuelles, weil nur so eine adäquate Erklärung und Vorhersage von Verhaltensweisen dieser Person möglich sind. Gegenstand der Verhaltenstheorie sind ja nicht Personen, wie offenbar im Konzept der Norm-Vp. impliziert, sondern Verhaltensweisen von Personen in ihrer Abhängigkeit von Reizen, Situationen und Zeitpunkten.

Experimentelle Realität und Alltagsrealität

Neben der Verbindlichkeit wissenschaftlicher Resultate wird heute verstärkt *technische* und vor allem *emanzipatorische Relevanz* gefordert. Das Kriterium der *technischen Relevanz* ist in dem Maße erfüllt,»in dem wissenschaftliche Forschung durch die Angabe von Ausgangsbedingungen für das Auftreten bestimmter Effekte ›erfolgskontrolliertes Handeln‹ in ökonomischen, sozialen oder gesellschaftlichen Bereichen ermöglicht« (HOLZKAMP 1972, 18f). »Emanzipatorisch relevant wäre psychologische Forschung, sofern sie zur Selbstaufklärung des Menschen über seine gesellschaftlichen und sozialen Abhängigkeiten beiträgt und so die Voraussetzungen dafür schaffen hilft, daß der Mensch durch Lösung von diesen Abhängigkeiten seine Lage verbessern kann.« (32)

Das Ausmaß technischer Relevanz ist abhängig von der *Ähnlichkeit der experimentellen Realität mit der Alltagsrealität*, auf die sich das technische Interesse richtet. Bei völliger Strukturidentität kann eine unmittelbare Übertragung erfolgen. Andernfalls ist die Berechtigung der Anwendung von im Laboratorium geprüften Gesetzesannahmen auf Alltagsrealität erst zu erweisen.

Abgesehen von der Tatsache, daß technische Relevanz kein statischer Aspekt einer wissenschaftlichen Aussage oder Theorie ist, sondern in den meisten Fällen a priori nicht einmal abgeschätzt werden kann, so daß geringe Relevanz noch nicht zur Ablehnung einer Konzeption verleiten sollte, weist dieser Aspekt auf das Ausmaß hin, in dem eine bestimmte Gesetzesannahme oder Theorie bereits zur Erklärung und Prognose von Alltagsereignissen herangezogen werden kann. Ihre Verbindlichkeit allein läßt nur eine Verwendung in Wie-es-möglich-war, daß-Erklärungen zu. Technische Relevanz erlaubt korrekte Warum-Erklärungen und Prognosen. Das ist für die Verhaltentheorie immer dann der Fall, wenn die Alltagsrealität im Rahmen einer Verhaltenstechnologie der experimentellen Realität angeglichen wird. Eine direkte Anwendbarkeit ohne partielle Rekonstruktion der natürlichen Umwelt ist nicht gegeben (FINDLEY 1966, 847). HOLZKAMP sieht diese Möglichkeit durchaus, plädiert aber eher für eine Anpassung der experimentellen Realität an die Alltagsrealität. Das gelingt nur, wenn die Forderung nach Verbindlichkeit wissenschaftlicher Aussagen, die für Prüfung und Anwendung weitgehende Bedingungskontrolle voraussetzen, liberalisiert und durch ein Konzept der »relativen Exaktheit« (1972, 25) ersetzt wird. Dieses Konzept wird von HOLZKAMP nicht expliziert. Es ist äußerst fraglich, ob in diesem Zusammenhang überhaupt von einem Mehr-oder-Weniger gesprochen werden kann. Wenn die Bedingungen für ein Ereignis nicht realisiert sind oder als vorliegend beobachtet werden können und der Eintritt des Ereignisses sich der Feststellung entzieht, bleiben theoretische Sätze unverbindlich. Die praktischen Voraussetzungen für einen Bewährungsversuch sind unter diesen Umständen nicht einmal erfüllbar.

Für die Notwendigkeit eines experimentellen Ansatzes, der die Kontrolle der relevanten Bedingungen sichert, haben wir an anderer Stelle argumentiert. Wenn sich die Rekonstruktion der Alltagsrealität im Rahmen einer Verhaltenstechnologie nach den Maßstäben der experimentellen Realität aus ethischen und moralischen Gründen verbietet, muß man auf korrekte Warum-Erklärungen und Vorhersagen (zumindest innerhalb der Verhaltenstheorie) verzichten und kann nur Wie-es-möglich-war, daß-Erklärungen und bedingte Vorhersagen, die den Eintritt bestimmter Ereignisse unter bestimmten Bedingungen prognostizieren, geben.

Das ist der Preis, den die Wissenschaft für die Verbindlichkeit ihrer Aussagen zahlen muß, und zeigt einmal mehr, daß der konkrete Mensch in seiner je individuellen historisch-gesellschaftlichen Lage, solange er nicht in einer programmierten (historisch-gesellschaftlichen) Umgebung lebt, nicht genuiner Gegenstand der Psychologie sein kann.[21] Wenn eine unser alltägliches Verhalten bestimmende Technologie aus ethischen Gründen nicht wünschenswert erscheint, sind damit für die Erklärbarkeit von Alltagsverhalten Grenzen gezogen, die nur unter Verzicht auf Verbindlichkeit überschritten werden können.

Das spricht nicht gegen die Formulierbarkeit von Koexistenzgesetzen, wie sie in der Diagnostik gebräuchlich sind, oder von Sukzessionsgesetzen, die die Aufeinanderfolge bestimmter Ereignisse behaupten, ohne daß dabei determinierende Bedingungen impliziert wären. Signifikanzen können immer gefunden und berechnet werden. Allerdings sind sie oft bedeutungslos (s. d. DUNETTE 1969, 271 f) und erweisen sich als unverbindlich, sobald nur geringfügige Veränderungen vorgenommen werden.

Verbindlichkeit und technische Relevanz sind Voraussetzung für emanzipatorische Relevanz. Nur verbindliche, gut bewährte Resultate können zu einer Selbstaufklärung des Menschen über sich und seine gesellschaftlichen und sozialen Abhängigkeiten beitragen. Nur technisch relevante Ergebnisse lassen sich zur Aufhebung dieser Abhängigkeiten einsetzen. Veränderung der sozialen Situation erfordert eine entsprechende Umgestaltung. Diese kann als verhaltens- oder sozialtechnische Realisierung bestimmter Bedingungen und Ausschaltung anderer in der Alltagsrealität begriffen und in Analogie zur Herstellung experimenteller Bedingungen im Laboratorium gedeutet werden. Es handelt sich dabei, ob man es nun so nennen will oder nicht, um eine partielle Rekonstruktion der (jetzt nicht mehr so) natürlichen Umwelt.

Eine bewußte Gestaltung des eigenen Lebens und der Gesellschaft durch den Menschen setzt Kontrolle voraus und ist nur in einer zumindest partiell programmierten Umgebung möglich. Dieser Gedanke ist gar nicht so schrecklich. Man sollte nicht übersehen, daß wir auch ohne Angleichung von experimenteller und Alltagsrealität ständig kontrolliert werden. Eine Verhaltenstechnologie ist keineswegs ein Mittel zur Depersonalisierung und Entmündigung des Menschen (s. HOLZKAMP 1972, 30), sondern eine Chance, durch Ausweitung der Selbstkontrolle und bewußte Gestaltung (Programmierung) unserer Umwelt das zu erreichen, was für HOLZKAMP (und uns alle) Ziel psychologischer Arbeit ist: »Nicht die Perpetuierung von ›Psychologie‹ um ihrer selbst willen kann unsere Aufgabe sein, sondern allein psychologische Arbeit im Dienste gesellschaftlicher Praxis zur Schaffung humanerer, gerechterer und vernünftigerer Lebensverhältnisse.« (1972, 73)

Das setzt verbindliche, gut bewährte wissenschaftliche Konzeptionen voraus. Gerade die Geschichte zeigt, daß gesellschaftliche Veränderungen ohne korrekte wissenschaftliche Fundierung zu nicht eben glücklichen Konstruktionen geführt haben. *Eine Selbstaufklärung wird nur allzu leicht zu einer Selbsttäuschung, die Lösung von einer Abhängigkeit führt nur allzu oft in eine andere.*

Emanzipatorische Relevanz setzt technische Relevanz, technische Relevanz systemtranszendente Verbindlichkeit und systemtranszendente Verbindlichkeit systemimmanente Verbindlichkeit voraus. Diese Aufeinanderfolge läßt sich nicht umkehren, es sei denn, man setzt ein bestimmtes Bild von Mensch und Gesellschaft an den Anfang wissenschaftlicher Bemühungen und beurteilt wissenschaftliche Aussagen und Theorien nach ihrer Übereinstimmung mit diesem Bild.

Wir sehen, daß sich die Einwände gegen die experimentelle Methode, soweit sie die allgemeine Verhaltenstheorie und verwandte Positionen betreffen, nicht aufrecht erhalten lassen. Die Kriterien psychologischen Forschens setzen im Gegenteil in vielen Bereichen das kontrollierte Experiment für ihre Erfüllbarkeit voraus. Daran kann auch die Auffassung von Wissenschaft als gesellschaftliches Phänomen nichts ändern.

Psychologie und Gesellschaft

HOLZKAMP distanziert sich in seinen neueren Schriften z. T. entschieden von früheren Publikationen. Die Gegenüberstellung von experimenteller Realität, theoretischer Konzeption und praktischer Situation, wie sie im letzten Abschnitt thematisiert wurde, wird von HOLZKAMP (1972, 231) heute als typisch für »jede Spielart bürgerlichen Wissenschaftsverständnisses« gekennzeichnet und durch die Betonung des gesellschaftlichen Charakters von Wissenschaft zu überwinden versucht. Statt sich auf einen fiktiven Standpunkt außerhalb zu stellen, soll Wissenschaft sich selbst als *gesellschaftliches Phänomen* begreifen.

Das ist weder neu, noch ungewöhnlich. Eine *Wissenschaftssoziologie*, die sich mit dieser Problematik beschäftigt, gibt es seit langem (s. z. B. BERNAL 1939), die *Wissenschaftswissenschaft* hat erste Ergebnisse vorgelegt (DOBROV 1969). Warum soll man nicht Wissenschaft von der Gesellschaft betreiben und Soziologie selbst als gesellschaftliches Phänomen begreifen? Was für Wissenschaft gilt, gilt ebenso für Sprache, Denken, Wahrnehmen, Motivation usw. Wissenschaft als Resultat ist in erster Linie ein sprachliches Gebilde. Trotzdem kann doch Wissenschaft, die sich der Sprache bedient, Sprache zu ihrem Gegenstand haben. Denkpsychologie steht nicht außerhalb des Denkens, sondern benutzt, ist auch bzw. ist abhängig vom Denken. Wesentliche Methode der Wahrnehmungspsychologie ist die Beobachtung, die selbst wieder auf Wahrnehmung beruht. Ist deshalb eine Wahrnehmungspsychologie nicht möglich? Das läßt sich beliebig fortsetzen und auf Naturwissenschaft ausdehnen. In Meßgeräten, die physikalische Vorgänge registrieren sollen, spielen sich selbst physikalische Prozesse ab; ein Thermometer, das Temperaturen messen soll, hat selbst eine bestimmte Temperatur, die gemessen werden kann. Auch für wissenschaftstheoretische Standards gelten diese Zusammenhänge. Warum nicht derartige Kriterien beachten und zugleich die Befolgung dieser Standards wissenschaftstheoretisch hinterfragen, wobei die Antwort selbst wieder an Hand bestimmter Kriterien beurteilt wird?

Wissenschaft wird dann in der Tat zu einem gesellschaftlichen Lernprozeß. Man kann sich dabei »außerhalb« stellen, ohne natürlich aus gesellschaftlichen Zusammenhängen herauszutreten. Man wechselt lediglich- deskriptiv gesprochen – von einer Rolle in eine andere (beide kann man natürlich wiederum innerhalb der Rollentheorie betrachten). Warum soll man Kriterien, die im Begründungszusammenhang eine wesentliche Rolle spielen, nicht in ihrem Entstehungszusammenhang abklären können? Durch eine derartige wissenschaftshistorische Analyse wissenschaftstheoretischer Standards hat man diese doch nicht aufgehoben. Ihre Historizität, ihre historisch-gesellschaftliche Bedingtheit implizieren nicht einmal ihre zeitliche und gesellschaftliche Relativität. Über die Beibehaltung bestimmter Kriterien wird in Begründungszusammenhängen entschieden. Ihre Beibehaltung hängt davon ab, ob man von Wissenschaft Verbindlichkeit verlangt oder Beliebigkeit zu tolerieren gewillt ist.

So gesehen ist HOLZKAMPS Vorwurf nicht gerechtfertigt:

»Es wird nirgends auch nur in Erwägung gezogen, daß man wissenschaftliche Entwicklungen als Teilmomente gesellschaftlicher Entwicklungen betrachten und in ihrer Eigenart aus dem umfassenderen gesellschaftlichen Realzusammenhang verständlich machen könnte.« (1972, 232)

An Andeutungen in dieser Hinsicht fehlt es nicht. Gerade innerhalb der Wissenschaftstheorie hat die historische Richtung zunehmend an Bedeutung gewonnen (FEYERABEND 1970a, 1970b, 1970c; KUHN 1970a, 1970b; LAKATOS 1971; LAKATOS & MUSGRAVE 1968, 1970; MCMULLIN 1970; STUEWER 1970). Allerdings wird der Anspruch HOLZKAMPS erst erfüllbar, wenn man wissenschaftliche und gesellschaftliche Entwicklungen und vor allem den *umfassenden gesellschaftlichen Realzusammenhang* schon »auf den Begriff gebracht« hat. Und so leicht ist das eben nicht.

Wenn schon der Psychologe, der anspruchslos mit Tieren experimentiert, an der Komplexität der Realzusammenhänge zu scheitern droht, wieviel widerständiger müssen sich diese dem Soziologen bieten, der ohne Möglichkeiten adäquater Bedingungskontrolle umfassende gesellschaftliche Realzusammenhänge erkennen soll.

Soll »auf den Begriff bringen« mehr sein als die unverbindliche Explikation einer je subjektiven (persönlichen) (impliziten) Gesellschaftsvorstellung, so kann darunter nur sprachliche Repräsentation von Ergebnissen soziologischer (empirischer) Forschungsbemühungen zu verstehen sein. In diesem Fall würde aber die Zurückführung wissenschaftlicher Entwicklungen auf gesellschaftliche Entwicklungen und wohl insgesamt die Möglichkeit »kritischer Psychologie« abgeschlossene Erkenntnis und vollständiges Wissen um den gesellschaftlichen Realzusammenhang voraussetzen.

»Der Vorgang des gesellschaftsbezogenen Erkennens wird deshalb als gedankliche Reproduktion, Explikation gesellschaftlicher Realzusammenhänge gekennzeichnet.« (HOLZKAMP 1972, 275) Das läßt nicht eben deutlich werden, wie man sich nach HOLZKAMP gesellschaftsbezogenes Erkennen vorzustellen hat. Es scheint hier in erster Linie an eine gedanklich-sprachliche Arbeit ohne entsprechende empirische Fundierung gedacht zu sein. Vielleicht liegt bereits a priori ein bestimmtes Bild von Mensch und Gesellschaft zugrunde, das empirische Bemühungen entbehrlich macht. Manche Passagen (z. B. 275) legen diesen Verdacht nahe. Doch warten wir die angekündigten Projekte ab.

Man kann sich nicht, wenn es um die Erkenntnis von Realzusammenhängen geht, außerhalb wissenschaftlicher Bemühungen stellen. Die Tatsache, daß jeder Wissenschaftler immer in gesellschaftlichen Zusammenhängen steht, enthebt ihn nicht der Mühe, diese mit wissenschaftlichen Methoden zu erforschen, wenn er verbindliches Wissen erreichen will, ebenso wie die Tatsache, daß er wahrnimmt, denkt, spricht, motiviert ist usw., ihm keine Wahrnehmungs-, Denk-, Sprach- oder Motivationspsychologie ersparen kann.

Wenn HOLZKAMP »die Notwendigkeit wissenschaftlicher, kritisch-historischer Analysen zur Explikation der Funktion der Psychologie als Moment der kapitalistischen Gesellschaft« (1972, 232) betont, muß er zunächst deutlich werden lassen, welche Standards für derartige kritisch-historische Analysen gelten und ob bestimmte Begriffe (z. B. Kapitalismus, Sozialismus, usw.) für adäquate Analysen notwendig vorgeschrieben sind, ob also z. B. das MARXsche Vokabular in diesem Zusammenhang zwingend ist – HOLZKAMP erweckt diesen Eindruck (1972, 275) – oder ob alternative Sprachformen (z. B. SKINNERs Terminologie) zulässig sind. Ohne exakte Kriterien, die die Verbindlichkeit und den Geltungsanspruch derartiger Analysen abzuschätzen gestatten, kann es sich bei diesen Explikationsbemühungen nur um eine Regression auf vorwissenschaftliche Stadien die Gesellschaft betreffender Erkenntnisbemühungen handeln.

Es ist verständlich, wenn der Soziologe und Psychologe auf die heute drängenden sozialen Fragen eine Antwort innerhalb seiner Wissenschaft zu geben versucht. Das sollte ihn jedoch nicht dazu verleiten, sich dann, wenn die Verhaltens- und Sozialwissenschaften zum gegenwärtigen Zeitpunkt keine verbindlichen Resultate für eine Lösung bereitstellen können, immer noch in der Rolle des Wissenschaftlers zu präsentieren, während er längst in die (nicht weniger ehrbare) Rolle eines »einfachen« Mitglieds der Gesellschaft übergewechselt ist.

Das bedeutet nicht, daß gesellschaftliche Veränderungen auf den Fortschritt der Wissenschaften warten müssen. Man hat zu allen Zeiten auch ohne wissenschaftliche Fundierung eine Verbesserung gesucht. Allerdings sind dabei selten glückliche Konstruktionen gelungen. Vielleicht können sie nur über eine wissenschaftlich fundierte Verhaltens- und Sozialtechnik erreicht werden. Aber das klingt schon zu sehr nach Wissenschaftsgläubigkeit, und Glaube und Wissenschaft passen nicht zueinander.

Menschenbilder der Psychologie

Menschenbilder sind immer essentialistisch und gehen über das hinaus, was eine Wissenschaft zu einem bestimmten Zeitpunkt verbindlich sagen kann. Sie extrapolieren wissenschaftliche Entwicklungen oder machen philosophische Wesensaussagen, die eher einen Soll- als einen Ist- oder Kannzustand betreffen. Man vernachlässigt die Tatsache, daß gerade in der Psychologie und anderen Humanwissenschaften oft nur hinreichende Bedingungen bekannt sind und verfährt, als ob man bereits über notwendige verfügte. Menschenbilder haben für die weitere Entwicklung der Humanwissenschaft u. U. wichtige Zielfunktionen. Sie beeinflussen die Wahl und die Priorität bestimmter Probleme und darüberhinaus das Ausmaß, in dem Humanwissenschaften für Mensch und Gesellschaft relevant werden. Sie können so eine maßgebliche Rolle bei der Entwicklung und Förderung neuer Forschungsprogramme spielen und über ihre Breitenwirkung das Bild einer Wissenschaft in der Öffentlichkeit wesentlich mitgestalten. Umso »schlimmer«, wenn, wie in der Psychologie der Fall, ganz verschiedene Konzeptionen aus einer Wissenschaft resultieren.

Der Mensch ist für HOLZKAMP der konkrete Mensch im historisch-gesellschaftlichen Prozeß mit seiner historisch gewordenen und gesellschaftsbedingten Selbst- und Weltsicht. Die Ursachen menschlichen Verhaltens liegen in den verborgenen Sichtweisen und Stellungnahmen der Individuen (1972, 15; s.a. WATKINS 1968; WINCH 1966). Die Rolle des Menschen in der Gesellschaft wird in folgender Passage am deutlichsten:

»Emanzipatorisch relevante psychologische Forschung würde demnach Gesetzesaussagen über die genannten Abhängigkeiten nicht deswegen formulieren und experimentell prüfen, um ihre Anwendbarkeit auch auf die außerexperimentelle sozial-gesellschaftliche Realität zu erreichen, sondern im Gegenteil, um an der Schaffung einer Gesellschaft mitzuwirken, auf die diese Gesetze nicht mehr anwendbar sind. Die Möglichkeit, daß durch menschliche Aktivität die sozial-gesellschaftliche Realität so verändert werden kann, daß Gesetzesaussagen der Psychologie, um mit Habermas zu sprechen (vgl. HABERMAS 1965, 1147), zwar nicht außer Geltung, aber außer Anwendung gesetzt werden können, verdeutlicht noch einmal den fundamentalen Unterschied, der zwischen Wissenschaften besteht, die – wie die Physik – eine ahistorische, lediglich vorgefundene Dingwelt zum Ansatz ihrer Forschung haben, und solchen Wissenschaften – wie der Psychologie –, die sich auf Menschen beziehen, die die Bedingungen, unter denen sie leben und handeln, zu einem beträchtlichen Teil selber gemacht haben und selber verändern können.« (1972, 34)

Abgesehen von dem eigentümlichen Verständnis vom Gegenstand der Physik wird in diesen Aussagen vorausgesetzt, daß eine Gesellschaft möglich ist, in der die Gesetze der Verhaltens- und Sozialwissenschaften außer Anwendung gesetzt werden können. Daß Menschen in einer Umwelt leben, die sie zum größten Teil selber geschaffen haben, stützt diese Behauptung nicht. Auch der organismische Ansatz SKINNERs kommt zu derartigen Aussagen: »Die physikalische Umgebung der meisten Menschen ist weitgehend vom Menschen gemacht.« (1971, 206) »Der Mensch, den der Mensch geschaffen hat, ist das Produkt der Kultur, die der Mensch entworfen hat.« (1971, 206) Trotzdem steht der Mensch selbst bei der geplanten Evolution einer Kultur nicht außerhalb wissenschaftlicher Zusammenhänge.
Es ist natürlich möglich, bei bestimmten wissenschaftlichen Hypothesen der Form »Wenn $B_1, ..., B_n$, so E« die Umwelt des Menschen so zu gestalten, daß $B_1, ..., B_n$ niemals vorliegen und so E nicht eintreten kann. Dieser Gedanke dürfte den Überlegungen von HABERMAS und HOLZKAMP zugrunde liegen. Man möchte eine Gesellschaft formen, in der bestimmte Ereignisse (Ungerechtigkeit, Unterdrückung, Elend, usw.) nicht mehr auftreten können. Das ist erreichbar, wenn man garantieren kann, daß die Bedingungen, die für den Eintritt dieser Ereignisse realisiert sein müssen, in dieser Gesellschaft aus-

geschlossen bleiben. Die Hypothesen verlieren dann zwar nicht ihre Gültigkeit, sind aber nicht mehr anwendbar, da ihre Antezedentien nicht erfüllt werden.

Aus diesen durchaus zutreffenden Überlegungen folgt aber nicht, daß Gesetzesaussagen überhaupt außer Anwendung kommen könnten. Offenbar werden nur bestimmte Hypothesen eliminiert. Die allgemeine Verhaltenstheorie hat Auftrittswahrscheinlichkeiten allgemein zu ihrem Gegenstand, erst recht also Verhalten in der modifizierten Gesellschaft, die Gesetzesaussagen ja nur über eine weitgehende Programmierung von Mensch und Umwelt verläßlich außer Anwendung setzen kann. Es ist denkbar, daß die Verhaltensgesetze, die Verfahren der Bestrafung betreffen, innerhalb einer veränderten Gesellschaftsform, die nur positiv verstärkt oder neutral behandelt, keine Rolle mehr spielen. Trotzdem fallen auch weiterhin alle Verhaltensweisen in den Zuständigkeitsbereich psychologischer Wissenschaft. Der Übergang zu dieser Gesellschaftsform selbst muß im Rahmen einer Sozialtechnik auf Gesetzesaussagen Bezug nehmen, die Anweisungen enthalten, welche Bedingungen herzustellen sind, um bestimmte gesellschaftliche Veränderungen einzuleiten. Es ist nicht vorstellbar, wie Verstärkerhypothesen und Gesetzesannahmen zum operanten Konditionieren insgesamt außer Anwendung gesetzt werden könnten.

Vielleicht ist hier an eine Gesellschaft gedacht, die die bewußte Anwendung von Gesetzesaussagen vermeidet. Das führt aber zu einem Widerspruch. Die Ausschaltung verlangt gerade eine weitgehende Programmierung der Umwelt, da nur so das Eintreten der determinierenden Bedingungen für die nicht gewünschten Ereignisse zuverlässig verhindert werden kann.

Eine Ausschaltung bestimmter Gesetzesaussagen erfordert also eine verstärkte Anwendung anderer. Gerade in einer veränderten Gesellschaft, die bestimmte soziale Probleme vermeiden will, kann das Verhalten wissenschaftlich erklärt und vorhergesagt werden. *Die wissenschaftlichen Gesetze verlieren nicht an Bedeutung, sondern steigern ihre technische und emanzipatorische Relevanz.* Der »fundamentale Unterschied« zwischen Psychologie und Physik schwindet dahin.

Wir leben in einer Gesellschaft, in der man Kontrolle und Manipulation ständig praktiziert, aber nur ungern erwähnt (SKINNER 1963). Die von HOLZKAMP und HABERMAS intendierte Gesellschaftsform dürfte sich wohl in erster Linie durch eine weitgehende Beschränkung von Kontrolle und Manipulation auszeichnen. Daß dieses Ziel nicht ohne Kontrolle und Manipulation erreichbar ist, haben wir gezeigt. Die Ablehnung von Kontrolle und der bewußte Verzicht auf Manipulation innerhalb einer Gesellschaft übertragen die Kontrolle nicht den einzelnen Individuen selbst, sondern anderen Teilen der sozialen und nichtsozialen Umgebung (SKINNER 1971, 84). Das hat den Nachteil, daß die Kontrolle unter diesen Umständen nicht immer als solche aufweisbar ist und so nur schwer gegenkontrolliert werden kann. Für SKINNER, der seine allgemeine Verhaltenstheorie konsequent auf Mensch und Gesellschaft überhaupt anwendet, gibt es kein Mehr- oder-Weniger an Kontrolle. Lediglich die relativen Anteile der einzelnen Varianten können an Gewicht zu- oder abnehmen. Dementsprechend ist für SKINNER die programmierte Umwelt durchaus ein positiver Zielzustand, da in ihr eine weitgehend bewußte Kontrolle möglich ist, die unerwünschte Entwicklungen verhindern kann und noch am ehesten geeignet ist, den Mißbrauch von Macht auszuschalten. Die Frage »Wer kontrolliert den Kontrolleur?« wird in diesem Zusammenhang gegenstandslos, da auch das Verhalten des (der) Kontrolleurs (e) einer Kontrolle – in erster Linie durch die Kontrollierten – unterliegt.

Die Auflehnung gegen Kontrollverfahren ist in diesem Zusammenhang als Form der *Gegenkontrolle* zu verstehen, die Kontrolle nicht unterdrückt, sondern (bestenfalls) korrigiert. Die wissenschaftliche Analyse des Verhaltens entzaubert den angeblich freien, autonomen, in seinem Einstellungen, Überzeugungen und Werthaltungen von seiner Umwelt weitgehend unabhängigen Menschen (s. d. MOLNAR 1966) und verlegt die Kontrolle, die er in diesem Bild ausübt, in die Umgebung. *Wer die Umgebung ändert, ändert das Verhalten, wer das Verhalten ändern will, muß die Umgebung ändern.*

An die Stelle des *traditionellen* Bildes vom Menschen – eine Person nimmt ihre Umgebung wahr, greift bestimmte Aspekte heraus, unterscheidet zwischen ihnen, beurteilt sie als gut oder schlecht, verbessert oder verschlimmert sie, ist für ihr Verhalten verantwortlich und wird für die Verhaltenskonsequenzen belohnt oder bestraft – tritt, so SKINNER (1971, 211), ein *wissenschaftliches* Bild von einer Person als Teil einer Spezies, geformt durch evolutionäre Überlebenszusammenhänge, einer Person, die Verhalten zeigt, das sie unter die Kontrolle der Umgebung bringt, vor allem unter die Kontrolle der sozialen Umgebung, die sie und Millionen anderer Menschen während der Evolution einer (ihrer) Kultur geschaffen und aufrechterhalten haben.

Dieses wissenschaftliche Bild vom Menschen ist keineswegs ahistorisch und berücksichtigt in besonderem Maße gerade die historisch-gesellschaftliche Bedingtheit menschlichen Verhaltens.

»An experimental analysis shifts the determination of behavior from autonomous man to the environment – an environment responsible both for the evolution of the species and for the repertoire acquired by each member. Early versions of environmentalism were inadequate because they could not explain how the environment worked, and much seemed to be left for autonomous man to do. But environmental contingencies now take over functions once attributet to autonomous man, and certain questions arise. Is man then ›abolished‹? It is the autonomous inner man who is abolished, and that is a step forward. But does man not then become merely a victim or passive observer of what is happening to him? He is indeed controlled by his environment, but we must remember that it is an environment largely of his own making. The evolution of a culture is a gigantic exercise in self-control. It is often said that a scientific view of man leads to wounded vanity, a sense of hopelessness, and nostalgia. But no theory changes what it is a theory about; man remains what he has always been. And a new theory may change what can be done with its subject matter. A scientific view of man offers exciting possibilities. We have not yet seen what man can make of man.« (SKINNER 1971, 214f)[22]

Literaturverzeichnis

Ackhoff, R.L., Scientific method. Optimizing applied research decisions. New York: Wiley, 1962.
Adorno, T.W. et al., Der Positivismusstreit in der deutschen Soziologie. Neuwied/Berlin: Luchterhand, 1969.
Albert, H., Konstruktivismus oder Realismus? Bemerkungen zu Holzkamps dialektischer Überwindung der modernen Wissenschaftslehre. Z. Sozialpsychol., 1971, 2, 5-23.
APA, Ethical standards of psychologists. Amer. Psychol., 1963.
Apel, K.-O., Analytic philosophy of language and the Geisteswissenschaften. Dordrecht-Holland: Reidel, 1967.
Arbib, M.A., Memory limitations of stimulus-response models. Psychol. Rev., 1969, 76, 507-510.
Austin, J.L., How to do things with words. London/Oxford: Oxford University Press, 1962.
Bergius, R., Behavioristische Konzeptionen zur Persönlichkeitstheorie. in: Lersch, P. & H. Thomae (Hrsg.), Persönlichkeitsforschung und Persönlichkeitstheorie. Handbuch der Psychologie. 4.Band. Göttingen: Hogrefe, 1960, 475-521.
Bernal, J.D., The social function of science. London: Routledge & Kegan Paul, 1939.
Bever, T.G., Fodor, J.A. & Garrett, M., A formal limit of associationism. in: Dixon, T.R. & Horton, D.L. (Hrsg.) Verbal behavior and general behavior theory. Englewood Cliffs, N.J.: Prentice-Hall, 1968, 582-585.
Bijou, S.W., A systematic approach to an experimental analysis of young children. Child Develpm., 1955, 26, 161-168.
—, Methodology for an experimental analysis of child behavior. Psychol. Rep., 1957, 3, 243-250.
Bijou, S.W. & Baer, D.M., Child development: A systematic and empirical theory. New York: Appleton-Century-Crofts, 1961.
—, Operant methods in child behavior and development. in: Honig, W.K. (Hrsg.) Operant behavior. New York: Appleton-Century-Crofts, 1966, 718 - 789.
Bijou, S.W. & Baer, D.M. (Hrsg.) Child development: readings in experimental analysis. New York: Appleton-Century-Crofts, 1967.
Bijou, S.W.: What psychology has to offer education - now. in: Dews, P.B. (Hrsg.) Festschrift for B.F. Skinner. New York: Appletion-Century-Crofts, 1970, 401-407.
Black, M., Comment (on Chomsky's paper). in: Borger, R. & Cioffi, F. (Hrsg.) Explanation in the behavioural sciences. Cambridge: University Press, 1970, 452-461.
Blalock, H.M.Jr., Causal inferences in nonexperimental research. Chapel Hill: University of North Carolina Press, 1964.
Blalock, H.M.Jr. & Blalock, A.B. (Hrsg.), Methodology in social research. New York: McGraw-Hill, 1971.
Blöschl, L., Grundlagen und Methoden der Verhaltenstherapie. Bern: Huber, 1969.
Borger, R. & Cioffi, F. (Hrsg.), Explanation in the behavioural sciences. Cambridge: University Press, 1970.
Brodbeck, M., Explanantion, prediction, and »imperfect« knowledge. in: Feigl, H. & Maxwell, G. (Hrsg.) Minnesota Studies in the Philosophy of Science. Vol. III. Minneapolis: University of Minnesota Press, 1962, 231-271.
Brown, C.W. & Ghiselli, E.E., Scientific method in psychology. New York: McGraw-Hill, 1955.

Brown, R., Explanation in social science. London: Routledge & Kegan Paul, 1963.
Carnap, R., Meaning postulates. Phil. Stud., 1952, *3*, 65–73.
—, On some concepts of pragmatics. Phil. Stud., 1955, *6*, 89–91.
—, Meaning and synonymy in natural languages. Phil. Stud., 1956, *7*, 33–47.
—, The methodological character of theoretical concepts. Minnesota Studies in the Philosophy of Science, 1956, *1*, 38–76.
—, Logical foundations of probability. Chicago: University of Chicago Press, 1962.
—, Meaning and necessity. Chicago: University of Chicago Press, 1964. Phoenix Book P30.
—, Einführung in die Philosophie der Naturwissenschaft. München: Nymphenburger Verlagshandlung, 1969.
Carnap, R. & Jeffrey, R.C. (Hrsg.) ,Studies in inductive logic and probability. London: University of California Press, 1971.
Cattell, R.B., The scientific analysis of personality. Penguin Books, 1965.
Chomsky, N., Review of B.F. Skinner, Verbal behavior. Language, 1959, *35*, 26–58.
—, Recent contributions to the theory of innate ideas. Synthese, 1967, *17*, 2–11.
—, Sprache und Geist. Frankfurt a.M.: Suhrkamp, 1970.
Cohen, P., The very idea of a social science. in: Lakatos, I. & Musgrave, A. (Hrsg.) Problems in the philosophy of science. Amsterdam: North-Holland, 1968, 407–423.
Cohen, J., Operant behavior and operant conditioning. Cicago: Rand McNally, 1969.
Correll, W., Programmiertes Lernen und Lehrmaschinen. Braunschweig: Westermann, 1965.
—, Aspekte des programmierten Lernens. in: Skinner, B.F. & Correll, W. Denken und Lernen. Braunschweig: Westermann, 1967, 61–163.
Cronbach, L.J. & Meehl, P.E., Construct validity in psycholocical tests. Minnesota Studies in the Philosophy of Science, 1956, *1*, 174–204.
Dobrov, G.M., Wissenschaftswissenschaft. Einführung in die allgemeine Wissenschaftswissenschaft. Berlin: Akademieverlag, 1969.
Dunette, M.D., Fads, fashions, and folderol in psychology. in: Dublin, R. Theory building. New York: Free Press, 1969, 268–282.
Eysenck, H.J., The structure of human personality. London: Methuen, 1960.
Eysenck, H.J. & Rachman, S., Neurosen – Ursachen und Heilmethoden. Berlin: Deutscher Verlag der Wissenschaften, 1968.
Feigl, H., Philosophical embarassment of psychology. Psychol. Beiträge, 1962, *6*, 340–364.
Ferster, C.B., An experimental analysis of clinical phenomena. Psychol. Rec., 1972, *22*, 1–16.
Ferster, C.B & Skinner, B.F., Schedules of reinforcement. New York: Appleton-Century-Crofts, 1957.
Feyerabend, P., Comments on Barker's »The role of simplicity in explanation«. in: Feigl, H. & Maxwell, G. (Hrsg.), Current issues in the philosophy of science. New York: Holt, Rinehart & Winston, 1961, 278–280.
—, Against method: outline of an anarchistic theory of knowledge. Minnesota Studies in the Philosophy of Science, 1970a, *4*, 17–130.
—, Philosophy of science: a subject with a great past. Minnesota Studies in the Philosophy of Science, 1970b, *5*, 172–183.
—, Problems of empiricism, Part II. in: Colodny, R.G. (Hrsg.), The nature & function of scientific theories. Pittsburgh: University of Pittsburgh Press, 1970c, 275–353.
Findley, J.D., Programmed environments for the experimental analysis of human behavior. in: Honig, W.K. (Hrsg.) Operant behavior. New York: Appleton-Century-Crofts, 1966, 827–848.

Fodor, J.A., Functional explanation in psychology. in: Brodbeck, M. (Hrsg.) Readings in the philosophy of the social sciences. London: Macmillan, 1968, 223-238.
—, Psychological explanation: an introduction to the philosophy of psychology. New York: Random House, 1968b.
Foppa, K., Lernen, Gedächtnis, Verhalten. Köln/Berlin: Kiepenheuer & Witsch, 1965.
Franks, C.M. (Hrsg.), Behavior therapy: appraisal and status. New York: Mc Graw-Hill, 1969.
Garner, R.W., Hunt, H.F. & Taylor, D.W., Education for research in psychology. Amer. Psychol., 1959, *14*, 167-179.
Gellner, E., The new idealism - cause and meaning in the social sciences. in: Lakatos, I. & Musgrave, A. (Hrsg.) Problems in the philosophy of science. Amsterdam: North-Holland, 1968, 377-406.
Goodman, N., The epistemological argument. Synthese, 1967, *17*, 23-28.
—, The emperor's new ideas. in: Hook, S. (Hrsg.) Language and philosophy. New York University Press, 1969, 138-142.
Graumann, C.F., Eigenschaften als Problem der Persönlichkeitsforschung. in: Lersch, P. & Thomae, H. (Hrsg.) Persönlichkeitsforschung und Persönlichkeitstheorie. Handbuch der Psychologie. 4. Band. Göttingen: Hogrefe, 1960, 87-154.
Greeno, J.G., Theoretical entities in statistical explanation. Boston Studies in the Philosophy of Science, 1971, *8*, 3-26.
Groeben, N. & Westmeyer, H., Kriterien psychologischer Forschung. München: Juventa, 1973.
Gross, R., Medizinische Diagnostik - Grundlagen und Praxis. Berlin: Springer, 1969.
Guilford, J.P., Persönlichkeit. Weinheim: Beltz, 1964.
Habermas, J., Erkenntnis und Interesse. Merkur, 1965, Heft 12, 1139-1153.
—, Erkenntnis und Interesse. Frankfurt a.M.: Suhrkamp, 1968.
—, Zur Logik der Sozialwissenschaften. Materialien. Frankfurt a.M.: Suhrkamp, 1970.
Hempel, C.G., Deductive-nomological vs. statistical explanation. Minnesota Studies in the Philosophy of Science, 1962, *3*, 98-169.
—, Aspects of scientific explanation. New York: Free Press, 1965.
—, Philosophy of natural science. Englewood Cliffs, N.J.: Prentice-Hall, 1966.
—, Explanatory incompleteness. in: Brodbeck, M. (Hrsg.) Readings in the philosophy of the social siences. London: Macmillan, 1968, 398-415.
—, Fundamentals of concept formation in empirical sience. International Encyclopedia of Unified Science, 1952, *2*, No. 7.
Hempel, C.G. & Oppenheim, P., Studies in the logic of explanation. Philosophy of Science, 1948, *15*, 135-175.
Hilgard, E.R. & Bower, G.H., Theorien des Lernens I. Stuttgart: Klett, 1971.
Holzkamp, K., Theorie und Experiment in der Psychologie. Berlin: de Gruyter, 1964.
—, Wissenschaft als Handlung. Berlin: de Gruyter, 1968.
—, Wissenschaftstheoretische Voraussetzungen kritisch-emanzipatorischer Psychologie. Z. Sozialpsychol., 1970, *1*, 5-21, 109-141.
—, Konventionalismus und Konstruktivismus. Z. Sozialpsychol., 1971, *2*, 24 bis 39.
—, Kritische Psychologie. Frankfurt a.M.: Fischer, 1972.
Honig, W.K. (Hrsg.) Operant behavior. Areas of research and application. New York: Appleton-Century-Crofts, 1966.
Hull, C.L., A behavior system. New York: Wiley, 1964.
Jeffrey, R.C., Remarks on explanatory power. Boston Studies in the Philosophy of Science, 1971, *8*, 40-46.

Kaminski, G., Verhaltenstheorie und Verhaltensmodifikation. Stuttgart: Klett, 1970.
Kanfer, F.H. & Phillips, J.S., Learning foundations of behavior therapy. New York: Wiley, 1970.
Kanfer, F.H. & Saslow, G., Behavioral analysis: an alternative to diagnostic classification. Arch. Gen. Psychiatry, 1965, *12*, 529–538.
Kanfer, F.H. & Saslow, G., Behavioral diagnosis. in: Franks, C.M. (Hrsg.) Behavior therapy: appraisal and status. New York: McGraw-Hill, 1969.
Kelleher, R.T., Chaining and conditioning reinforcement. in: Honig, W.K. (Hrsg.) Operant behavior. New York: Appleton-Century-Crofts, 1966, 160 – 212.
Kelly, G.A., A theory of personality. New York: Norton, 1963.
Kerlinger, F.N., Foundations of behavioral research. New York: Holt, Rinehart & Winston, 1964.
Klaus, G., Moderne Logik. Abriss der formalen Logik. Berlin: Deutscher Verlag der Wissenschaften, 1966.
Koch, S., Clark L. Hull. in: Estes, W.K. et al. Modern learning theory. New York: Appleton-Century-Crofts, 1954, 1–176.
—, Psychology and emerging conceptions of knowledge as unitary. in: Wann, T.W. (Hrsg.) Behaviorism and phenomenology. Chicago/London: University of Chicago Press, 1964, 1–41.
Kuhn, T.S., The structure of scientific revolutions. Chicago: University of Chicago Press, 1970a.
—, Logic of discovery or psychology of research. in: Lakatos, I. & Musgrave, A. (Hrsg.) Criticism and the growth of knowledge. Cambridge: University Press, 1970b, 1–23.
Lakatos, I., History of science and its rational reconstructions. Boston Studies in Philosophy of Science, 1971, *8*, 91–136.
Lakatos, I. & Musgrave, A. (Hrsg.) Problems in the philosophy of science. Amsterdam: North-Holland, 1968.
—, Criticism and the growth of knowledge. Cambridge: University Press, 1970.
Lausch, E., Dem Mechanismus des Lernens auf der Spur. Die Zeit, 1972, *27*, Nr. 22, 56 (Freitag, 2. Juni).
Louch, A.R., Explanation and human action. London: Blackwell, 1966.
Lundin, R.W., Personality. A behavioral analysis. London: Collier-Macmillan, 1969.
MacCorquodale, K., B.F. Skinner's Verbal Behavior: a retrospective appreciation. in: Dews, P.B. (Hrsg.) Festschrift for B.F. Skinner. New York: Appleton-Century-Crofts, 1970, 340–350.
McFarland, H.S.N., Psychological theory and educational practice. London: Routledge & Kegan Paul, 1971.
McMullin, E., The history and philosophy of science: a taxomony. Minnesota Studies in the Philosophy of Science, 1970, *5*, 12–67.
Meehan, E.J., Explanation in social science. A system paradigm. Homewood, Ill.: Dorsey Press, 1968.
Meehl, P.E., Law and convention in psychology. in: Feigl, H. & Brodbeck, M. (Hrsg.) Readings in the philosophy of science. New York: Appleton-Century-Crofts, 1953, 637–659.
Meehl, P.E., Clinical versus statistical prediction. Minneapolis: University of Minnesota Press, 1954.
Miller, G.A., Galanter, E. & Pribram, K.H., Plans and the structure of behavior. New York: Holt, Rinehart & Winston, 1960.
Mischel, W., Personality and assessment. New York: Wiley, 1968.
Molnar, T., Kampf und Untergang der Intellektuellen. München: Barth, 1966.
Mundle, C.W.K., A critique of linguistic philosophy. Oxford: Clerendon Press, 1970.

Naess, A., Toward a theory of interpretation and preciseness. Theoria, 1949, *15*, 220–241.
Nagel, E., The structure of science. Problems in the logic of explanation. London: Routledge & Kegan Paul, 1961.
Oakeshott, M., Learning and teaching. in: Peters, R.S. (Hrsg.) The concept of education. London: Routledge & Kegan Paul, 1967.
Opp, K.-D., Methodologie der Sozialwissenschaften. Reinbek b. Hamburg: Rowohlt, 1970.
Pap, A., Analytische Erkenntnistheorie. Wien: Springer, 1955.
—, Semantics and necessary truth. New Haven: Yale University Press, 1958.
—, An introduction to the philosophy of science. The Free Press of Glencoe, 1962.
Pavlov, I.P., Lectures on conditioned reflexes. New York: International, 1928.
Popper, K.R., Logik der Forschung. Tübingen: Mohr, 1966.
Putnam, H., The »Innateness Hypothesis« and explanatory models in linguistics. Synthese, 1967, *17*, 12–22.
Radnitzky, G., Contemporary schools of metascience. Göteborg: Akademieverlag, 1970.
Rapaport, D., Die Struktur der psychoanalytischen Theorie. Stuttgart: Klett, 1959.
Reese, E.P., The analysis of human operant behavior. Dubuque, Iowa: Brown, 1966.
Reichenbach, H., Experience and prediction. Chicago: University of Chicago Press, 1938.
Rescher, N., Scientific explanation. New York: Free Press, 1970.
Rozeboom, W.W., Formal analysis and the language of behavior theory. in: Feigl H. & Maxwell, G. (Hrsg.) Current issues in the philosophy of science. New York: Holt, Rinehart & Winstin, 1961, 473–483.
Rudner, R.S., Philosophy of social sciences. Englewood Cliffs, N.J.: Prentice-Hall, 1966.
Ryle, G., Der Begriff des Geistes. Stuttgart: Reclam, 1969.
Salmon, W.C., The foundations of scientific inference. Pittsburgh: University of Pittsburgh Press, 1966, 1967.
—, Statistical explanation. in: Colodny, R.G. (Hrsg.) The nature and function of scientific theories. Pittsburgh: University of Pittsburgh Press, 1970, 173–231.
—, Explanation and relevance. Boston Studies in the Philosophy of Science, 1971, *8*, 27–39
Sarbin, T.R., Taft, R. & Bailey, D.E., Clinical inference and cognitive theory. New York: Holt, Rinehart & Winston, 1960.
Scheffler, I., The anatomy of inquiry. New York: Knopf, 1963.
Schneewind, K.A., Methodisches Denken in der Psychologie. Bern: Huber, 1969.
Scriven, M., A study of radical behaviorism. Minnesota Studies in the Philosophy of Science, 1956, *1*, 88–130.
Selg, H. & Bauer, W., Forschungsmethoden der Psychologie. Stuttgart: Kohlhammer, 1971.
Skinner, B.F., The behavior of organism. New York: Appleton-Century-Crofts, 1938.
—, Walden two. New York: Macmillan, 1948.
—, Science and human behavior. New York: Free Press, 1953.
—, Verbal behavior. New York: Appleton-Century-Crofts, 1957.
—, Cumulative record. New York: Appleton-Century Crofts, 1961.
—, The flight from the laboratory. in: Marx, M.H. (Hrsg.) Theories in contemporary psychology. New York: Macmillan, 1963, 323–338.
—, Operant behavior. in: Honig, W.K. (Hrsg.) Operant behavior. New York: Appleton-Century-Crofts, 1966, 12–32.
—, Verhaltenspsychologische Analyse des Denkprozesses. in: Skinner, B.F. & Correll, W., Denken und Lernen, Braunschweig: Westermann, 1967, 11–59.

Skinner, B. F., The technology of teaching. New York: Appleton-Century-Crofts, 1968.
—, Contingencies of reinforcement. A theoretical analysis. New York: Appleton-Century-Crofts, 1969.
—, Beyond freedom and dignity. London: Jonathan Cape, 1971.
Spence, K. W., Behavior theory and conditioning. New Haven: Yale University Press, 1956.
Stegmüller, W., Das Wahrheitsproblem und die Idee der Semantik. Wien: Springer, 1957.
—, Das Problem der Kausalität. in: Topitsch, E. (Hrsg.) Probleme der Wissenschaftstheorie. Wien: Springer, 1960, 171–190.
—, Erklärung, Voraussage, wissenschaftliche Systematisierung und nichterklärende Information. Ratio, 1966, *8*, 1–22.
—, Probleme und Resultate der Wissenschaftstheorie und Analytischen Philosophie. Band I. Wissenschaftliche Erklärung und Begründung. Berlin: Springer, 1969.
—, Probleme und Resultate der Wissenschaftstheorie und Analytischen Philosophie. Band II. Theorie und Erfahrung. Berlin: Springer, 1970.
—, Rudolf Carnap: Induktive Wahrscheinlichkeit. in: Speck, J. (Hrsg.) Grundprobleme der großen Philosophen. Philosophie der Gegenwart I. Göttingen: Vandenhoeck & Ruprecht, 1972, 45–97.
Stuewer, R. H. (Hrsg.), Historical and philosophical perspectives of science. Minnesota Studies in the Philosophy of Science. Vol. V. Minneapolis: University of Minnesota Press, 1970.
Suppes, P., Introduction to logic. Princeton, N. J.: van Nostrand, 1957.
—, Probabilistic inference and the concept of total evidence. in: Hintikka, J. & Suppes, P. (Hrsg.) Aspects of inductive logic. Amsterdam: North-Holland, 1966, 49–65.
—, Stimulus-response theory of finite automata. J. math. Psychol., 1969a, *6*, 327–355.
—, Stimulus response theory of automata and TOTE hierarchies: a reply to Arbib. Psychol. Rev., 1969b, *76*, 511–514.
—, Behaviorism. in: Suppes, P., Studies in the methodology and foundations of science. Dordrecht-Holland: Reidel, 1969c, 294–311.
Verplanck, W. S., Burrhus F. Skinner. in: Estes, W. K. et al. Modern learning theory. New York: Appleton-Century-Crofts, 1954, 267–316.
Watkins, J. W. N., Anthropomorphism in social science. in: Lakatos, I. & Musgrave, A. (Hrsg.) Problems in the philosophy of science. Amsterdam: North-Holland, 1968, 423–426.
Westmeyer, H., Logik der Diagnostik. Grundlagen einer normativen Diagnostik. Stuttgart: Kohlhammer, 1972.
Winch, P., Die Idee der Sozialwissenschaft und ihr Verhältnis zur Philosophie. Frankfurt a. M.: Suhrkamp, 1966.
Zellinger, E., Probleme der Psychologie. Jahrb. f. Psychol. u. Psychother., 1970, *18*, 71–143.

Anmerkungen

1 Diese Kennzeichnung des Zustandes moderner Psychologie wird manchem Leser arrogant und anmaßend erscheinen. Dieser Effekt ist durchaus beabsichtigt. Ein Buch, das nicht zum Widerspruch reizt, über das man sich nicht ärgern kann, bleibt in den meisten Fällen wirkungslos und ist ungeeignet, Anstöße zu einer Neuorientierung zu geben, die wir in der modernen Psychologie dringend brauchen.
Der Untertitel dieses Buches stammt vom Autor, der Haupttitel vom Lektor, der die anfänglichen Bedenken des Autors erfolgreich zerstreute. Der Untertitel allein hätte nur die Personen angesprochen, die auf derselben oder einer verwandten Ebene denken, durch den Haupttitel werden hoffentlich auch die erreicht, für die dieses Buch eigentlich geschrieben ist.

2 Wir müssen hier und im Zusammenhang mit anderen Kriterien psychologischer Forschung auf eine eingehendere Begründung dieser Standards verzichten. Eine Letztbegründung ist ohnehin nicht möglich, Entscheidungen nicht völlig eliminierbar. Man sollte aber beachten, daß es sich um formale Kriterien handelt, nicht um inhaltliche, wie sie bei unserer späteren Essentialismusdiskussion aufgewiesen werden. Eine ausführliche Erörterung findet sich bei Groeben & Westmeyer (1973).

3 »Verhaltenstheorie« bezieht sich hier und im weiteren Verlauf der Arbeit, wenn nicht anders gekennzeichnet, immer auf Skinners Verhaltenstheorie. Dementsprechend ist mit »allgemeiner Verhaltenstheorie« nicht eine Metatheorie des Verhaltens gemeint, die integrativ die verschiedensten Verhaltenstheorien unter einem einheitlichen Modell subsumiert. Das Attribut »allgemein« soll lediglich andeuten, daß die Verhaltenstheorie Skinners Verhalten gleich welcher Art umfaßt und sich darin von anderen Verhaltenstheorien unterscheidet, die sich auf bestimmte Formen des Verhaltens, bestimmte Organismen oder bestimmte Situationen beschränken.

4 Wir haben hier nur die wichtigsten Adäquatheitsbedingungen angegeben. Eine weitere Explikation des Modells ist nur in präzisen Modellsprachen möglich. Eine einheitliche und verbindliche Präzisierung fehlt aber noch immer (siehe dazu Stegmüller 1970).

5 Da es sich in dieser Arbeit in erster Linie um die Erklärung von Ereignissen handelt, gehen wir nicht auf die deduktiv-statistische Erklärung ein, die sich von der DN-Erklärung darin unterscheidet, daß sie keine strikten, sondern nur statistische Gesetze enthällt, daß aber das Explanadum deduktiv aus dem Explanans folgt.

6 Salmon (1970, 177f) hat versucht, Gegenbeispiele für das H-O-Modell zu finden. Es läßt sich jedoch zeigen, daß in diesen Fällen die Adäquatheitsbedingungen nicht erfüllt sind. Geht man von dem Argument
John Jones vermied eine Schwangerschaft während des letzten Jahres, weil er regelmäßig von den Antikonzeptionsmitteln seiner Frau genascht hatte, und jeder Mann, der regelmäßig Antikonzeptionsmittel nimmt, wird nicht schwanger.
aus, so kann man wie folgt systematisieren:

G: Für alle x: wenn x ein Mann ist und regelmäßig Antikonzeptionsmittel nimmt, so wird x nicht schwanger.

A: John Jones ist ein Mann und nimmt regelmäßig Antikonzeptionsmittel.

E: John Jones wird nicht schwanger.

Ein derartiges Argument ist natürlich absurd, entspricht aber zumindest strukturell dem H-O-Schema. Außerdem hat das Explanans empirischen Gehalt, A kann durchaus zutreffen, und der Schluß vom Explanans auf das Explanandum ist deduktiv.

Trotzdem handelt es sich nicht um ein Gegenbeispiel, da G kein gut bewährtes Gesetz ist. Zur Bewährung gehören ja nicht nur Prüfungen, die die Antezedensbedingungen (Mann, Antikonzeptionsmitteleinnahme) herstellen bzw. aufsuchen und dann das eintretende Ereignis mit dem unter der Annahme, daß G gültig ist, zu erwartenden vergleichen, sondern auch Prüfungen, in denen ermittelt wird, was geschieht, wenn jeweils nur eine der beiden Antezedensbedingungen vorliegt. Bei derartigen Untersuchungen würde sich sofort ergeben, daß die Einnahme von Antikonzeptionsmitteln bei Männern irrelevant für den Eintritt bzw. Nichteintritt einer Schwangerschaft ist. Man würde also G zugunsten eines konkurrierenden Gesetzes

G′ : Für alle x: wenn x ein Mann ist, so wird x nicht schwanger.

aufgeben, das dasselbe Implikat bei einem allgemeineren Implikans liefert.

7 Das Modell der IS-Systematisierung ist weit weniger gesichert als das der DN-Erklärung. In diesem Bereich existieren eine ganze Reihe konkurrierender Ansätze, zwischen denen zum gegenwärtigen Zeitpunkt noch keine Entscheidung möglich ist (siehe z.B. Greeno 1971; Jeffrey 1971; Salmon 1966, 1970, 1971). Z. T. verfolgen unterschiedliche Modelle auch unterschiedliche Intentionen und sind deshalb nur begrenzt kompatibel. Wir sind auf diese Kontroversen nicht eingegangen, da der Begriff der IS-Systematisierung im weiteren Verlauf dieser Arbeit keine entscheidende Rolle spielen wird. Wir wollen aber darauf hinweisen, daß es sich bei IS-Systematisierungen nicht um Argumente im eigentlichen Sinne handelt, bei denen aus Prämissen auf eine Konklusion geschlossen wird. Vielmehr handelt es sich um Relationsaussagen, die eine bestimmte (quantitative) Beziehung zwischen Explanans und Explanandum ausdrücken. Man *schließt* nicht auf das Explanandum, auch nicht mit einer bestimmten (logischen) Wahrscheinlichkeit. Die Rede von Argumenten ist deshalb im IS-Fall als metaphorisch zu verstehen.

8 Diese Beziehung gilt nur, wenn man einen bestimmten Prognosebegriff zugrunde legt. Soll jede Form der Vorhersage in den Wissenschaften erfaßt werden, ist bestenfalls noch die Variante »Jede korrekte Erklärung ist eine potentielle Prognose« haltbar. Jede adäquate Vorhersage muß dagegen nicht unbedingt auch eine potentielle Erklärung sein. So sind Prognosen denkbar, die nicht auf allgemeine Gesetzesaussagen Bezug nehmen. Da derartige Spezialprobleme in dieser Arbeit keine Rolle spielen, haben wir auf eine Typologie prognostischer Argumente verzichtet. Der Leser sei hier besonders auf Rescher (1970) verwiesen.

9 Hier geht es in erster Linie um den Gegenstandsbegriff, wie er für Wissenschaft als Resultat charakteristisch ist. Auf die eigentlich trivialen Probleme dieses Begriffs wird an dieser Stelle deshalb so ausführlich eingegangen, weil viele Psychologen diese für den Wissenschaftstheoretiker selbstverständlichen Überlegungen nur unzureichend berücksichtigen. Die Tatsache, daß Psychologen, geht man von den Wortmarken aus, dieselben oder zumindest verwandte Worte verwenden, verstellt den Blick auf die Tatsache, daß sie ganz unterschiedliche Begriffe meinen. So wird oberflächlich der desolate Zustand moderner Psychologie verdeckt, in der jeder an seiner eigenen Konzeption bastelt und nur selten integrierte Forschungsprogramme zustande kommen. Mit dem Psychologen stirbt dann – meist erst einige Jahre später – auch seine Konzeption. Welche Verschwendung von Intelligenz und Kapital! Der Psychologe ist doch kein Botaniker, der in der Entdeckung einer noch unbekannten Pflanze, die dann nach ihm benannt wird, sein Lebensziel sieht.

Außerdem ergeben sich aus unseren Überlegungen bereits Argumente gegen einen Essentialismus, der ja theorie- und wissenschaftsunabhängig eine Gegenstandskennzeichnung vornehmen zu können glaubt. Auf die ebenfalls in diesen Kontext gehörende Frage nach der Vergleichbarkeit und Kompatibilität von Theorien wird später noch eingegangen.

10 Diese Formulierung ist nur dann adäquat, wenn »Motivation« hier als Verhaltensdeterminante interpretiert wird. An die Stelle eines bestimmten Motivzustands tritt dann ein bestimmter Verstärkungsplan. Andernfalls wäre eine Übersetzung von »Motivation« durch »Verstärkung« bzw. »Verstärkbarkeit« korrekter.

11 Wir setzen hier und im folgenden die Begriffe des Reizes und der Reaktion ohne eingehende Behandlung voraus, sind uns aber durchaus der Probleme bewußt, die sich mit diesen Termen stellen (Koch 1954, 1964). Allerdings halten wir die Forderung nach einer präzisen Definition des Reiz- und Reaktionsbegriffs für nicht erfüllbar. Eine Definition müßte auf elementarere Begriffe Bezug nehmen, für die sich die Forderung erneut stellen ließe. Irgendwo müssen wir beim systematischen Aufbau einer Theorie mit undefinierten Grundbegriffen beginnen, die natürlich methodisch entsprechend zu verankern sind. Auf jeden Fall wird eine präzisere Fassung beider Begriffe unseren Argumentationen zusätzliches Gewicht verleihen, so daß es legitim erscheint, wenn wir dieses Problem, das wir ohnehin nicht lösen können, hier ausklammern. Übrigens stellt sich dasselbe Problem auch für den kognitiven Theoretiker: Was ist ein kogntives Element, was eine Kognition oder kognitive Struktur? Die Schwierigkeiten einer Präzisierung dürften in diesem Bereich kaum geringer sein. Aber warum überhaupt diese ewigen Was-Fragen?

12 Damit haben wir natürlich nicht gezeigt, daß unsere Behauptungen für alle psychologischen Theorien gelten. Das wäre eine Überextrapolation. Wir können unsere Thesen aber als falsifizierbare metatheoretische Sätze deuten und so den Leser auffordern, Gegenbeispiele anzugeben. Lassen sich z.b. psychologische Theorien finden, die Kausalanalysen vornehmen, Sukzessionsgesetze enthalten, die Kontrolle und korrekte historisch-genetische Erklärungen auch individuellen Verhaltens erlauben, ohne daß das Experiment in der hier geschilderten Form als Methode von der Theorie gefordert wird, können unsere Thesen in ihrer Universalität als falsifiziert gelten. Sie sind dann in ihrem Geltungsanspruch theoriespezifisch einzugrenzen.

13 Die ursprüngliche Definition des Ziels der Psychologie als Erklärung, Prognose und Kontrolle der Ereignisse ihres Gegenstandsbereichs bleibt unter diesen Umständen eine Leerformel. Der Gegenstandsbereich *der* Psychologie läßt sich nicht verbindlich kennzeichnen (siehe auch S. 33). Zieldefinitionen betreffen Wissenschaft als Prozeß, weniger Wissenschaft als Resultat. Hier ging es um eine präzise Gegenstandskennzeichnung im Rahmen von Wissenschaft als Resultat. Wenn wir im folgenden von dem Gegenstand der Psychologie sprechen sollten, so ist damit immer der Prozeßaspekt von Wissenschaft involviert.

14 Zu diesen Resultaten sind wir in einer zielspezifischen Analyse der Verhaltenstheorie gekommen. Diese Ergebnisse sind auf dem Hintergrund heutiger psychologischer Theorienbildung und Forschung zu sehen. Es ist nicht ausgeschlossen, daß wir in Zukunft über Theorien verfügen werden, die eine adäquate Vorhersage, Erklärung und Kontrolle auch individuellen Verhaltens ermöglichen, ohne auf die Verhaltens- und Umgebungsgeschichte von Individuen Bezug zu nehmen. Werden z.B. physiologische Zustände und Prozesse, die auf irgendeine Weise unmittelbar meßbar gemacht werden, als Verhaltensdeterminanten eingeführt, kann man sich u.U. den Umweg über eine historisch-genetische Erklärung sparen. Ob damit auch eine programmierte Umgebung oder das Laboratorium entbehrlich werden – in diesem Fall hätte man Falsifikatoren für unsere Thesen entdeckt –, bleibt abzuwarten, ist aber wenig wahrscheinlich.

15 Man wird sich vielleicht wundern, daß in einem Buch dieses Titels nicht schon längst auf die Psychoanalyse eingegangen wurde. Der Grund ist einfach: Wir befassen uns hier mit Problemen, die sich ernstzunehmenden wissenschaftlichen Theo-

rien der Psychologie stellen. Wollten wir die Psychoanalyse, die offenbar selbst durch die für sie charakteristische Methode der freien Assoziation entstand und weiterentwickelt wird, ähnlich intensiv untersuchen, kämen wir in diesem Jahrzehnt schwerlich zu einem Abschluß. (Das *muß* nicht gegen die Theorie sprechen.)

16 Bei einer pragmatischen Deutung des Begriffs der Umgangssprache – um diese Deutung geht es z.B. bei der Frage der Popularisierbarkeit von Wissenschaft – wird der Satz »Die Umgangssprache ist die oberste Metasprache« zu einer Leerformel, der nur über eine Präzisierung des Begriffs der Umgangssprache eine Bedeutung gegeben werden kann. Man wird hier einwenden, daß eine derartige Präzisierung unmöglich sei, da das entscheidende Charakteristikum der Umgangssprache ja gerade ihre Vagheit und Ambiguität sei und sich somit eine Präzisierung verbiete. Das ist natürlich ein Fehlschluß. Aus der Vagheit der Umgangssprache folgert man die notwendige Vagheit des Begriffs der Umgangssprache. Das steht auf derselben Ebene wie folgender Kurzschluß: Das Verhalten des Menschen ist so kann man täglich beobachten, in sich widerspruchsvoll. Es ist deshalb nicht möglich, eine widerspruchsfreie Theorie menschlichen Verhaltens zu konstruieren.

17 Diese Argumentation läßt folgenden Punkt unberücksichtigt: Über den semantischen Wahrheitsbegriff können objektsprachliche Aussagen nicht nur in der Metasprache erwähnt, sondern selbst zur Metasprache gerechnet werden. So führt der metasprachliche Satz »Die Aussage ›Reiz s ist ein positiver Verstärker für Reaktion r‹ ist wahr genau dann, wenn Reiz s ein positiver Verstärker für Reaktion r ist« die objektsprachliche Aussage »Reiz s ist ein positiver Verstärker für Reaktion r« zwar an, enthält sie aber auch im zweiten Glied der Äquivalenz nichtanführend. Auf diese Weise können alle objektsprachlichen Begriffe zur Metasprache gezählt werden. Allerdings handelt es sich dabei nicht um eine Übersetzung in die Metasprache. Die Begriffe werden nicht klarer und verständlicher.

18 Auch bei einer systematischen Betrachtung dieses Problems besteht kein Anlaß, die Rückführung oder Ausdrückbarkeit wissenschaftssprachlicher Aussagen in die Umgangssprache auch nur für möglich zu halten. Unter keinen Umständen handelt es sich dabei um eine *Explikation* wissenschaftssprachlicher Begriffe mit Hilfe umgangssprachlicher Terme. Man kann eher von einer *Deexplikation* sprechen, da präzise Begriffe, die u. U. durch einen Explikationsvorgang aus der Umgangssprache hervorgegangen sind, wieder vage, verschwommen und vieldeutig gemacht werden und damit die Bedeutung verlieren, die ihnen innerhalb der Wissenschaftssprache zukommt. Auf dem Hintergrund neuerer wissenschaftstheoretischer Ergebnisse (siehe z.B. Feyerabend 1970 a, b, c) wird die Unüberbrückbarkeit der Kluft zwischen Umgangs- und Wissenschaftssprache nur allzu deutlich. Jede neue Theorie ist zugleich eine neue Sprache, die man erst erlernen muß, bevor man ernsthaft über die theoriespezifischen Probleme reden kann. Theorien untereinander sind gar nicht oder nur partiell kompatibel, eine Transformation in eine gemeinsame Sprache, noch dazu die Umgangssprache, ist in diesem Kontext absurd.

19 Um keinen falschen Eindruck entstehen zu lassen: Ich halte Holzkamp vor seiner letzten Wende für einen der differenziertesten und anregendsten Denker in der deutschen Psychologie.

20 Man kann nicht umhin, hier einen Widerspruch zu konstatieren. Einmal läßt Holzkamp über den Begriff der Scheinrealisation die Möglichkeit, notwendige Bedingungen für den Eintritt von Ereignissen zu finden, fragwürdig erscheinen, zum anderen gibt er hier apodiktisch eben solche notwendigen »eigentlichen Bedingungen« an.

21 Hier geht es um den prozeßspezifischen Gegenstandsbegriff.

22 Wir haben in diesem in manchen Teilen schon fast populärwissenschaftlichen Essay eine ganze Reihe von Problemen zum Ziel und Gegenstand, zur Methode und Sprache der Psychologie angesprochen. Wie bei derartigen Vorhaben fast immer der Fall, haben wir mehr Fragen aufgeworfen, als tatsächlich beantwortet.

Aber die Diagnose geht der Therapie voraus. Viele Probleme konnten nur unzureichend abgehandelt werden, da sie nicht direkt auf der Hauptlinie der Argumentation lagen. Eine vollständigere Behandlung der Problematik würde sicher wenigstens den dreifachen Umfang erfordern. Es genügt, wenn ein angemessenes Problembewußtsein entstanden ist, das den Vorurteilen die Dignität von Selbstverständlichkeiten nimmt und sie damit einer rationalen Auseinandersetzung zugänglich macht. Eine eingehendere Behandlung gerade der Problematik wissenschaftstheoretischer Kriterien findet man bei Groeben & Westmeyer (1973).

Abkürzungen

Die formalisierten Definitionen, Gesetzesannahmen, Sätze (Theoreme) und Regeln sind so abgekürzt, daß eine unmittelbare Zuordnung zu ihrem Inhalt möglich wird.
Definitionen werden durch eine Buchstabenfolge abgekürzt, die grundsätzlich mit »D« beginnt. Die dann folgenden Buchstaben kennzeichnen den definierten Ausdruck. In der Reihenfolge ihres Auftretens begegnen folgende Definitionen:

DUS Definition des Begriffs des unbedingten Reizes (Stimulus)
DUR Definition des Begriffs der unbedingten Reaktion
DKS Definition des Begriffs des konditionierten Reizes
DKR Definition des Begriffs der konditionierten Reaktion
DNS Definition des Begriffs des neutralen Reizes
DKSi Definition des Begriffs des konditionierten Reizes i-ter Stufe
DPV Definition des Begriffs des positiven Verstärkers
DNV Definition des Begriffs des negativen Verstärkers
DSN Definition des Begriffs des (Verstärker-) neutralen Reizes
DB$^+$ Definition des Begriffs der Belohnung
DB$^-$ Definition des Begriffs der Bestrafung
DNB Definition des Begriffs der neutralen Behandlung
DAV Definition des Begriffs des Ausmaßes der Verstärkung
DPC Definition des Begriffs des primären Verstärkers
DV   Definition des Begriffs des Verstärkers
DG   Definition des Begriffs der Generalisierung

Varianten dieser Definitionen werden durch Apostroph (z.B. DAV') ausgezeichnet, quantitative Fassungen durch ein angefügtes »q« (z.B. DGq).
Gesetzesannahmen werden durch eine Buchstabensequenz abgekürzt, die grundsätzlich mit »G« beginnt und dann den Bereich kennzeichnet, innerhalb dessen die Gesetzesannahme auftritt. Es kommen in dieser Arbeit folgende Gesetzesannahmen vor:

GKK Gesetz der klassischen Konditionierung
GOK Gesetz der operanten Konditionierung
GD   Gesetz der Diskriminierung
GG   Gesetz der Generalisierung
GSV Gesetz der sekundären Verstärkung

Varianten sind wieder durch einen Apostroph (z.B. GKK'), quantitative Fassungen durch »q« (z.B. GKKq) und Untergliederungen durch Ziffern (z.B. GD3) gekennzeichnet. »GSV1q'« bedeutet dann etwa »modifizierte Fassung des ersten quantitativen Gesetzes zur sekundären Verstärkung«.
Sätze (Theoreme), die aus den Gesetzen und Definitionen abgeleitet werden oder Hypothesen beeinhalten, werden durch eine Buchstabenfolge abgekürzt, die grundsätzlich mit einem »S« beginnt.

SOK Satz zum operanten Konditionieren
SG   Satz zur Generalisierung

Existieren mehrere Sätze in einem Bereich, wird eine Kennzeichnung durch hintangesetzte Ziffern vorgenommen (z.B. SOK6).
Regeln sind in dieser Arbeit selten. Es gelten folgende Abkürzungen:

RMB Regel der maximalen Bestimmtheit
BD   Bewährungs- bzw. Bestätigungsregel (für Dispositionsbegriffe)
ED   Einführungsregel (für Dispositionsbegriffe)

Auch hier wird eine Indizierung mittels Ziffern (z. B. BD2) vorgenommen.

Erklärungsargumente werden grundsätzlich durch »EA« abgekürzt und durch entsprechende Ziffern voneinander unterschieden. »ES« kennzeichnet eine Erklärungssequenz.

Die logischen und mathematischen Zeichen sind auf ein Minimum reduziert und gehen über die elementaren Symbole nicht hinaus. Folgende Vereinbarungen gelten:

$\rightarrow$ wenn, so (Implikation)
$\leftrightarrow$ genau dann, wenn (Äquivalenz)
$:\leftrightarrow$ per definitionem genau dann, wenn
$=$ gleich
$\neq$ ungleich, verschieden
$\neg$ nicht (Negation)
$\&$ und (Konjunktion)
$\vee$ oder (Alternation)
$(..)$ für alle ... (Allquantor)
$(E..)$ es gibt ein ... (Existenzquantor)
$\vdash$ ableitbar
$<$ früher (wenn dieses Zeichen zwischen Zeitvariablen oder Zeitkonstanten steht)
$>$ größer
$<$ kleiner
$\leq$ kleiner/gleich (kleiner oder gleich)

$\bigwedge\limits_{i=1}^{n} S_i$ $S_1 \& S_2 \& ... \& S_n$ (große Konjunktion)

$\bigvee\limits_{j=1}^{m} R_j$ $R_1 \vee R_2 \vee ... \vee R_m$ (große Alternation)

Einführung in die logische Notation

Den Symbolisierungen in diesem Buch liegt die *Prädikatenlogik* zugrunde. Im Gegensatz zur *Aussagenlogik* geht man in der Prädikatenlogik nicht nur auf die Beziehungen zwischen Aussagen, sondern auch auf ihre Feinstruktur ein. Bei der Darstellung elementarer wissenschaftssprachlicher Ausdrücke im Rahmen der Prädikatenlogik stehen folgende Einheiten zur Verfügung:

1. Gegenstände, Objekte und Individuen werden durch *Individuenkonstanten* wiedergegeben oder durch *Individuenvariablen*, wenn Aussagen über einen ganzen Bereich von Objekten gemacht werden. Variablen sind dann Platzhalter für entsprechende Konstanten, die bei Bedarf für die Variablen eingesetzt werden können. In diesem Buch haben wir es in erster Linie mit folgenden Arten von Objekten zu tun: Reaktionen (Verhaltensweisen), Reizen (Stimuli), Personen, Umgebungen (Situationen), Zeitpunkten (Zeitbereichen) und Zahlen. Dabei ist z. T. von diesen Objekten ganz allgemein die Rede, z. T. nehmen wir auch auf ganz bestimmte Objekte Bezug. Innerhalb unserer symbolischen Sprache verfügen wir deshalb über entsprechende Variablen und Konstanten: r *(Reaktionsvariable)*, s *(Reizvariable)*, u *(Umgebungsvariable)*, t *(Zeitvariable)*, w *(Zahlvariable)*, wobei eine Unterscheidung innerhalb einer Variablenart durch Apostrophierung z. B. s′, t′) oder Indizierung (z. B. $t_1, ..., t_n$) vorgenommen wird; a, b, c, d, h werden, eventuell indiziert oder apostrophiert, als *Individuenkonstanten* verwendet, wobei die Art der jeweiligen Konstante aus dem Typ der Variablen hervorgeht, für die die Konstante eingesetzt wird. Wird z. B. a für r eingesetzt, so handelt es sich bei a um eine Reaktionskonstante.

2. Eigenschaften von Objekten bzw. Beziehungen (Relationen) zwischen Objekten werden durch ein- bzw. mehrstellige *Prädikate* wiedergegeben. In den meisten Fällen haben wir es in diesem Buch mit ganz bestimmten Eigenschaften und Relationen zu tun, die durch *Prädikatenkonstanten* ausgedrückt werden: z. B. C^+ (positiver Verstärker), C^- (negativer Verstärker), pC (primärer Verstärker), SN (neutraler Reiz), F (Folgen), E (Entfernen), US (unkonditionierter Reiz), CR (konditionierte Reaktion).

3. Funktionen werden durch *Funktoren* entsprechender Stellenzahl wiedergegeben. Die Begriffe der Auftrittswahrscheinlichkeit, der Ähnlichkeit, des Ausmaßes der Verstärkung sind z.B. Funktionsbegriffe. Sie werden in der symbolischen Sprache durch die Funktoren p, ä und v repräsentiert. f und g sind Beispiele für andere Funktoren. Aus diesen Bausteinen lassen sich nun elementare Ausdrücke bilden, die entweder Prädikatausdrücke oder Funktionsausdrücke *(Gleichungen)* sind. »USsr« meint z.B. »s ist ein unbedingter Reiz für r« und »C⁺srupt«, daß s ein positiver Verstärker für die Reaktion r unter den Umgebungsbedingungen u bei der Person p im Zeitbereich t ist. »p(r/s,t) = w« drückt als Funktionsausdruck aus, daß die Auftrittswahrscheinlichkeit der Reaktion r in Gegenwart des Reizes s im Zeitbereich t gleich w ist, »ä(s,s′) = w′«, daß die Ähnlichkeit zwischen den Reizen s und s′ gleich w′ ist. Wenn wir die Individuenvariablen durch Individuenkonstanten ersetzen, erhalten wir z.B. als Symbolisierung der Aussage »Der Anblick von Futter ist ein unkonditionierter Reiz für die Sekretion von Speichel« den Ausdruck »USab«, wenn »a« für »Anblick von Futter« und »b« für »Sekretion von Speichel« steht.

Aus derartigen elementaren Aussagen lassen sich komplexere Ausdrücke bilden, indem man elementare Aussagen mit Hilfe der logischen *Junktoren* verbindet oder *Quantoren* voranstellt. Als Aussagenverknüpfungen begegnen die *Konjunktion* (s ist ein positiver Verstärker für r zur Zeit t *und* s folgt auf r zur Zeit t: C⁺srt & Fsrt), die *Alternation* (s folgt auf r zur Zeit t *oder* s wird von r zur Zeit t entfernt: Fsrt v Esrt), die *Negation* (r ist nicht eine unbedingte Reaktion auf s: ⌐ URsr), die *Implikation* (*wenn* s ein neutraler Reiz für r zur Zeit t ist, *so* ist s kein positiver oder negativer Verstärker für r zur Zeit t: SNsrt → ⌐ (C⁺srt v C⁻srt)) und die *Äquivalenz* (s ist ein unbedingter Reiz für r *genau dann, wenn* r eine unbedingte Reaktion auf s ist: USsr ↔ URsr).

Als Quantoren werden der *Allquantor* und der *Existenzquantor* verwendet. Wenn ich eine Aussage über ein ganz bestimmtes Objekt machen will, stelle ich dieses Objekt durch eine Individuenkonstante dar. Wenn ich dagegen über kein bestimmtes Objekt spreche, sondern eine Aussage machen will, die für alle Elemente des Objektbereichs (z.B. alle Reaktionen) gelten soll, stelle ich der Aussage einen entsprechenden Allquantor voran, der, wie man sagt, die betreffende Individuenvariable *bindet*. Wenn z.B. a ein ganz bestimmter unkonditionierter Reiz und b die entsprechende unkonditionierte Reaktion ist, dann ist die Auftrittswahrscheinlichkeit von b in Gegenwart von a für alle Zeitbereiche t gleich eins, d.h., $(t)p(b/a,t) = 1$. Diese Beziehung gilt nicht nur für a und b, sondern für alle unbedingten Reize und Reaktionen, so daß man weiter verallgemeinern kann: Für alle Reize s und alle Reaktionen r gilt: s ist ein unkonditionierter Reiz für r genau dann, wenn für alle Zeitbereiche t die Auftrittswahrscheinlichkeit von r in Gegenwart von s gleich eins ist, d.h.,

$(s)\,(r)\,(USsr \leftrightarrow (t)p(r/s,t) = 1)$.

Wenn man nicht über alle Objekte eines bestimmten Bereichs sprechen will, andererseits aber auch nicht ein ganz bestimmtes Objekt meint, sondern lediglich ausdrücken möchte, daß das, was man sagen will, für wenigstens ein Objekt des Bereichs gültig ist, stellt man der Aussage einen Existenzquantor voran.

Wenn man z.B. ausdrücken will, daß es für jeden konditioniertenReiz s', jede konditionierte Reaktion r und jeden Zeitbereich t Zeitpunkte t', t_1, ..., t_n und einen unkonditionierten Reiz s gibt derart, daß s' zum Zeitpunkt t' neutraler Reiz für r war und zu den Zeitpunkten t_1, ..., t_n zusammen mit dem unkonditionierten Reiz s für r vorgekommen ist, wobei t' früher als t_1 früher als ..... früher als t_n früher als t, so muß man bei einer Symbolisierung dieser Aussage neben dem Allquantor auch auf den Existenzquantor zurückgreifen:

$(s')\,(r)\,(t)\,(CSs'rt \rightarrow (Et')\,(Et_2)\,...\,(Et_n)\,(Es)\,(NSs'rt' \,\&\, USsr \,\&\, Zss't_2 \,\&\, ...\,\&\, Zss't_n \,\&\, t' < t_2 < .... < t_n < t))$.

Bei dieser Aussage wird zugleich die mehrfache Schachtelung deutlich, die sich bei der Symbolisierung komplexerer Ausdrücke ergeben kann.

Auf den eigentlichen Gegenstand der Prädikatenlogik, die logische Folgebeziehung, können wir an dieser Stelle nicht eingehen. In diesem Buch werden die üblichen prädikatenlogischen Schlußregeln verwendet, deren Gültigkeit in jedem Prädikatenkalkül mit Identität beweisbar ist. Der interessierte Leser sei in diesem Zusammenhang auf folgende Literatur verwiesen:

Hermes, H., Einführung in die mathematische Logik. Klassische Prädikatenlogik. Stuttgart: Teubner, 1963.

Michalos, A.C., Principles of logic. Englewood Cliffs, N.J.: Prentice-Hall, 1969.

Quine, W.v.O., Grundzüge der Logik. Frankfurt a.M.: Suhrkamp, 1969.

Suppes, P., Introduction to logic. Priceton, N.J.: Van Nostrand, 1957.

Namenregister

Ackoff, R.L. 18
Adorno, T.W. 120
Albert, H. 120
APA 12
Apel, K.-O. 104
Arbib, M.A. 110
Austin, J.L. 103
Baer, D.M. 78
Bailey, D.E. 22
Bauer, W. 51
Bergius, R. 91f., 103
Bernal, J.D. 133
Bever, T.G. 91, 110
Bijou, S.W. 13, 78
Black, M. 110
Blalock, A.B. 93
Blalock, H.M.Jr. 93
Blöschl, L. 13
Borger, R. 19
Bower, G.H. 86f.
Brodbeck, M. 15, 27, 109
Brown, C.W. 14
Brown, R. 19
Carnap, R. 23, 27, 33, 101f., 108, 118
Cattell, R.B. 102
Chomsky, N. 91f., 110
Cioffi, F. 19
Cohen, J. 51
Cohen, P. 109
Correll, W. 13, 67
Cronbach, L.J. 103
Dobrov, G.M. 133
Dray, W. 29
Dunette, M.D. 16, 132
Eysenck, H.-J. 13, 102
Feigl, H. 110
Ferster, C.B. 13, 121
Feyerabend, P.K. 19, 134, 150
Findley, J.D. 131
Fodor, J.A. 19, 91, 110
Foppa, K. 13, 46, 64, 78
Franks, C.M. 13, 67
Galanter, E. 110
Garner, R.W. 104
Garrett, M. 91, 110
Gellner, E. 109
Ghiselli, E.E. 14

Goodman, N. 110
Graumann, C.F. 112
Greeno, J.G. 148
Groeben, N. 147, 151
Gross, R. 22
Guilford, J.P. 102
Habermas, J. 91, 104, 110, 137f.
Hempel, C.G. 15-27, 30, 33, 108
Hilgard, E.R. 86f.
Holzkamp, K. 12f., 32, 53, 93, 97, 102, 115, 120-139
Honig, W.K. 51
Hull, C.L. 85ff.
Hunt, H.F. 104
Jeffrey, R.C. 23, 27, 148
Kaminski, G. 103, 108, 110
Kanfer, F.H. 13, 67
Kelleher, R.T. 73
Kerlinger, F.N. 14, 31
Kelly, G.A. 102
Klaus, G. 123
Koch, S. 89, 149
Kuhn, T.S. 134
Lakatos, I. 134
Lausch, E. 99
Louch, A.R. 107
Lundin, R.W. 92, 102
MacCorquodale, K. 110
McFarland, H.S.N. 108
McMullin, E. 134
Meehan, E.J. 19
Meehl, P.E. 22, 54, 57, 62, 71, 103
Miller, G.A. 110
Mischel, W. 92, 102
Molnar, T. 12, 139
Mundle, C.W.K. 111, 116
Musgrave, A. 134
Naess, A. 129
Nagel, E. 15
Oakeshott, M. 107f.
Opp, K.-D. 53
Oppenheim, P. 15ff.
Pap, A. 52, 104, 108
Pavlov, I.P. 41, 48
Phillips, J.S. 13, 67
Popper, K.R. 16
Pribram, K.H. 110

Putnam, H. 110
Rachman, S. 13
Radnitzky, G. 91, 104, 110
Rapaport, D. 35ff.
Reichenbach, H. 38
Rescher, N. 148
Rozeboom, W.W. 104
Rudner, R.S. 38
Ryle, G. 111
Salmon, W.C. 147f.
Sarbin, T.R. 22
Saslow, G. 67
Scheffler, I. 30
Schneewind, K.A. 103
Scriven, M. 91, 110
Selg, H. 14, 51
Skinner, B.F. 12ff., 35ff., 41, 51, 58, 64, 67, 78, 82f., 89, 91, 110f., 120f., 126-140
Spence, K.W. 87
Stegmüller, W. 14-27, 29f., 37, 93f., 101, 104, 123
Stuewer, R.H. 134
Suppes, P. 14, 20f., 110
Taft, R. 22
Taylor, D.W. 104
Verplanck, W.S. 89
Watkins, J.W.N. 109, 137
Westmeyer, H. 17f., 67, 87, 102, 108, 110, 147, 151
Winch, P. 109, 137
Zellinger, E. 91

Sachregister

Adäquatheitsbedingungen 17, 26
Ähnlichkeits-
  begriff 79
  relation 79
Antezedensbedingungen 15f., 23
Auftrittswahrscheinlichkeit einer
  Reaktion 37, 42, 81, 89
Bedeutungspostulat 59f.
Bedingungen
  eigentliche 127
  hinreichende 46, 123f.
  notwendige 46, 123f.
  relevante 32, 84, 92
  störende 32, 115, 122ff.
  Rand- 16, 97
Begriffe
  logisch-systematische 102
  mentalistische 103f., 110ff.
  pragmatische 102
  umgangssprachliche 105
  wissenschaftssprachliche 102
  Dispositions- 52, 111
Begründungen 15
Begründungszusammenhang 38, 113
Belohnung 68
Beobachtungs-
  sprache 101
  prädikat 101
Bestrafung 68
Definition 14, 42
  bedingte 52
  explizite 101
  Nominal- 108
  Rahmen- 36f.
  Real- 33, 108
  -skette 42f.
  -svorschlag 33
Definiendum 14
Definiens 14
Dehomunkulisierung 128
Dehumanisierung 128
Deprivation 58
Deprivationszustand 58
Diagnostik 17, 22
  normative 17
Diagnostischer Prozeß 17
Differenzierung 71

Diskrimination 67
Entstehungszusammenhang 38, 112
Entwicklungspsychologie 78
  verhaltenstheoretische 78
Erkenntnisinteresse
  emanzipatorisches 14
  technisches 14
Erklärung 14f., 81, 84
  deduktiv-nomologische 16
  historisch-genetische 91, 94ff.
  induktiv-statistische 16
  unvollkommene 19
  Wie-es-möglich-war, daß- 27, 84, 88
  ,warum etwas geschah 29
  ,wie es möglich war, daß etwas geschah 29, 50
  -sbegriffe
    logisch-systematische 30
    pragmatische 19, 29
Erklärbarkeitsbehauptung 27
Explanandum 15f., 23, 27, 81, 84, 88
Explanans 16, 23, 27, 84, 88
Essentialismus 107ff.
Exhaustion 115
Experiment
  kontrolliertes 93
Explikation 33
  Rahmen- 36f.
Explikans 33
Explikationsvorschlag 33
Extinktion 64f.
Forschungsprogramm 11
Gegenstands-
  bereich 14
  kennzeichnung 90f.
  vorverständnis 107
Generalisierung 78
Geschichtslosigkeit 127
Gesellschaftlicher Realzusammenhang 134f.
Gesetze (-sannahmen) 43
  deterministische 15
  nomologische 15
  probabilistische 16
  statistische 16, 23
  strikte 15

Kausal- 15
Koexistenz- 93
Sukzessions- 93
Gründe 15, 49
H-O-Modell (Schema) 16
Idiographische Hypothese 59
Theorie 83
Implizite Charakterisierung 102
Individualtheorie 83, 91, 128
Induktive Logik 27
Induktiv-statistische Systematisierung 22f.
Intersubjektivität 102
Konstrukt
  persönliches 103
  -explikation 103
  -validierung 103
Kontrolle 14, 31, 88
Korrelar 53
Kritische Psychologie 12
Kumulativer Recorder 85
Metapsychologie 11, 13
Metasprache 104ff.
Methodologische Standards 18
Modell-
  beziehung 99
  studie 99
Negierte Individualität 127
Neutrale Behandlung 68
Nomothetische Rahmentheorie 91
Normative Theorie der personellen Wahrscheinlichkeit 27
Norm-Versuchsperson 126, 129
Objekt-
  bereich 81, 90
  sprache 104f.
Objektivität 102
Offenheit 104
Offenes System 94
Paradigma des
  klassischen Konditionierens 41
  operanten Konditionierens 51
Partielle Interpretation 101
Präzision 102
Präfix 45
Prognose 17, 30, 81
Programmierte Instruktion 13, 67
Psychoanalytische Theorie 37
Rationales Corpus zur Zeit t 25
Reaktion

konditionierte (bedingte) 42
unkonditionierte (unbedingte) .
-srate (-shäufigkeit) 37, 85
Realität
  experimentelle 98, 130ff.
  Alltags- 98, 130ff.
Reduktion 101
Regel der maximalen Bestimmtheit 25
Reiz
  bedingter i-ter Stufe 47
  diskriminierender 67
  konditionierter (bedingter) 41
  neutraler 41, 62
  unkonditionierter (unbedingter) 41
  -kontrolle 67
Relevanz
  emanzipatorische 130ff., 138
  technische 130ff., 138
Respondente Konditionierung 41
Scheinrealisation 122f.
Selbstbericht 103
Semantik 104
Statistische Syllogismen 19
Strukturelle Gleichheitsthese 30
Theoretische
  Begriffe (Terme) 85, 101
  Sprache 101
Theoriespezifische Indizierung 102
Übersetzbarkeit 105f.
Universelle Implikation 45
Ursachen 15
Variable
  abhängige 87
  intervenierende 86
  unabhängige 86
Verbindlichkeit
  systemimmanente 13, 132f.
  systemtranszendente 13, 132f.
Verhalten
  operantes 67
  spontanes 67
Verhaltens-
  begriff 34f., 37
  störungen 98
  technologie 51, 84
  theorie 13, 34, 37, 40, 90
    Gegenstand der 81
    Objektbereich der 81
  therapie 13, 67

            74, 83
            62, 73
         ,e 77
         .esen 54, 82
         -ter Stufe 77, 83
         .ng
         .undäre 73
         elektive 68
         -swert 72
         Ausmaß der 69, 72
Vokabular 89
Vorhersage 14
Vorurteil 11f.
Wahrscheinlichkeit
   induktive 22f.
   objektive 20f.

   personelle 23
   -shypothesen 16
Warum-Fragen
   epistemische 15
   Erklärung-suchende 15
Wirkzusammenhang 122
Wissenschafts-
   begriffe 34
   soziologie 133
   sprache 34
   theorie 34
   wissenschaft 133
Wissenschaft als
   Prozeß 38
   Resultat 38
   sprachliches Aussagesystem 38
Zirkularität 53, 62
Zuordnungsregel 85, 101